成都师范学院学术专著出版基金资助

# 复杂网络演化和网络舆论传播模型及关键技术研究

孙睿　著

🌀吉林大学出版社

·长春·

**图书在版编目（CIP）数据**

复杂网络演化和网络舆论传播模型及关键技术研究 /
孙睿著 .— 长春 ：吉林大学出版社，2021.8
ISBN 978-7-5692-8714-1

Ⅰ．①复… Ⅱ．①孙… Ⅲ．①互联网络－舆论－传播
－模型算法控制－研究 Ⅳ．① G206.2

中国版本图书馆 CIP 数据核字（2021）第 178195 号

书　　名：复杂网络演化和网络舆论传播模型及关键技术研究
FUZA WANGLUO YANHUA HE WANGLUO YULUN CHUANBO MOXING JI
GUANJIAN JISHU YANJIU

作　　者：孙　睿　著
策划编辑：邵宇彤
责任编辑：陈　曦
责任校对：田茂生
装帧设计：优盛文化
出版发行：吉林大学出版社
社　　址：长春市人民大街 4059 号
邮政编码：130021
发行电话：0431-89580028/29/21
网　　址：http://www.jlup.com.cn
电子邮箱：jdcbs@jlu.edu.cn
印　　刷：定州启航印刷有限公司
成品尺寸：170mm×240mm　　16 开
印　　张：11
字　　数：181 千字
版　　次：2022 年 1 月第 1 版
印　　次：2022 年 1 月第 1 次
书　　号：ISBN 978-7-5692-8714-1
定　　价：56.00 元

# | 前　　言 |

现实世界中存在的大量社会、生态、信息和人工技术系统都可以用复杂网络来描述。小世界效应、无标度特性以及社区结构等重要的拓扑结构属性的发现，使复杂网络研究从规则网络和随机网络跨越到一个崭新的阶段，近年来成为多学科交叉的热门研究领域之一。复杂网络研究的一个重要课题是复杂网络上的舆论动力学。随着信息技术的快速发展，网络舆论对社会生活的影响越来越大，也越来越受到政府和人民群众的广泛关注，对于网络舆论传播演化的研究具有重要的理论价值和现实意义。本书内容主要围绕复杂网络演化模型和网络舆论传播模型展开，涉及复杂网络统计特征分析、复杂网络演化模型构造、网络舆论传播特性研究、网络舆论传播演化模型建立、谣言传播模型研究以及复杂网络节点重要性评估等方面。

本书主要的研究内容有以下几个方面。

（1）研究了复杂系统的网络描述和网络结构的统计特性。主要包括平均路径长度、度和度分布、度－度相关性、群集系数、介数、社区结构以及节点强度、最大连通子图、模体、模块度、谱特征值、分形维数等网络统计特性。重点分析了这些复杂网络统计特征的物理意义和数学表达式。

（2）研究了规则网络模型、ER 随机网络模型、WS 小世界网络模型和BA 无标度网络模型等经典复杂网络演化模型。说明了模型的创建思想和构造算法，分析和比较了生成网络的度和度分布、平均路径长度、群集系数等几个主要的网络拓扑特征。分别用平均场方法、率方程方法、主方程方法和马尔可夫链方法推导出 BA 无标度网络度分布的数学解。根据网络节点的度分布特性得到的重要结论是，前三种模型生成的网络为均匀网络，而 BA 网络模型则为无标度的非均匀网络。另外研究了其他重要的复杂网络演化模型，包括 NW 小世界网络模型、AB 网络模型、适应度模型、混合演化模型、加速增长网络模型、局域世界演化模型、HK 网络模型、耦合网络生长模型、分形网络模型、BBV 加权网络模型等。这些复杂网络模型采用不同的生长机制和连接策略，生成的复杂网络在网络拓扑属性方面都表现出一定的共性和差异。

（3）研究了网络舆论在复杂网络上的传播演化特性，系统分析了 Sznajd 模型、Deffuant 模型、KH 模型、Galam 模型、Voter 模型、多维观点模型以及社会影响模型、博弈论模型、加权网络舆论演化模型等重要的网络舆论传播演化模型。详述了这些模型的理论原理和演化机制，研究了模型在复杂网络上的动力学行为。对于复杂网络中三种基本的扩散传播模型——SI 模型、SIS 模型和 SIR 模型，分别给出了传播动力学方程和方程的解，得出了模型在无标度网络和小世界网络上的阈值理论。

本书的主要创新研究有以下几点。

（1）针对真实网络的生长演化规律，以及 BA 模型和原始的节点吸引力模型在择优连接及生成网络统计特征方面所存在的问题，综合考虑复杂网络生长演化过程中节点度和节点吸引力的择优连接特性，提出了一种基于节点吸引力的可调参数复杂网络模型。运用平均场理论，细致严谨地推导出网络度分布的数学表达，分析表明，当参数取不同值时，模型分别退化为 BA 模型、NAM 模型和 Dorogovtsev 模型。进一步通过仿真实验，分别在平均路径长度、群集系数和度分布等方面与 Dorogovtsev 模型和 NAM 模型进行了比较。理论研究与仿真实验分析表明，基于节点吸引力的可调参数复杂网络模型可以有效生成结构稳定并与实际网络统计特征很接近的复杂网络。具体来说，当模型参数分别取几个特定值时，模型生成的网络度分布仍然服从幂率分布，这说明网络生成机制的变化并没有显著改变网络的最终整体拓扑结构；同时网络具有较高的群集系数和平均路径长度，并且随着网络规模的增大，群集系数降低，平均路径长度增大，而且平均路径长度与网络规模的对数呈正比关系。在同等的网络规模下，几种模型的群集系数差别不大，但是 Dorogovtsev 模型生成网络的平均路径长度明显要大于其他模型；特别地，当网络规模 $N=3\,000$ 时，本书使用模型的群集系数 $C$ 大致在 $0.012 \sim 0.017$ 的范围内，平均路径长度 $L \approx 3.8$，基本与同等规模的实际复杂网络相吻合。因此可以通过调节模型参数来灵活地调整网络的生长演化过程，使之更加符合真实网络的拓扑结构和统计特性。

（2）研究了谣言传播的特性和对谣言传播产生影响的因素。简要分析了DK 模型、Potts 模型、元胞自动机模型、Zenette 小世界网络模型、Moreno 复杂网络模型等谣言传播模型在复杂网络上的动力学特征。考虑到谣言在实际复杂网络上传播时，网络中的个体对谣言的免疫存在差异的情况，通过引入谣言接受度函数的概念，建立了一个具有非一致传播率的无标度网络谣言传播模型。在无标度网络上运用平均场方法建立起相应的传播动力学方程，计算出在不同的谣言接受度函数下模型的传播阈值 $\lambda_c$。当谣言的传播率为 $\lambda < \lambda_c$ 时，谣言不会传播，逐渐消亡；当 $\lambda \geq \lambda_c$ 时，谣言将会在网络上大规模地传播。通过仿真实验模拟发现，不同的谣言接受度函数均可减缓谣言的传播速度，降低传播的规模。具体来说，当谣言接受度函数 $A(k) = k^{-2}$ 时谣言在无标度网络上的传播速度最慢，传播规模也最小；当 $A(k) = e^{-k/\langle k \rangle}$ 时传播速度变快，传播规模增大；当 $A(k) = k^{-1}$ 时传播速度更快，传播规模也更大。同时，谣言接受度函数致使谣言在无标度网络上的传播阈值明显增加，可以有效地抑制谣言的暴发和减小传播范围。当谣言接受度函数为 $A(k) = k^{-2}$ 时，谣言具有最大的传播阈值，$\lambda_c \approx 0.36$；当 $A(k) = e^{-k/\langle k \rangle}$ 时，传播阈值减小，$\lambda_c \approx 0.25$；当 $A(k) = k^{-1}$ 时，传播阈值更小，$\lambda_c \approx 0.23$。

（3）研究了节点重要性评估的理论基础，分别从网络拓扑结构和节点属性这两个大的方面分析总结了复杂网络节点重要性评估的众多方法。基于认知物理学中的数据场理论，通过引入节点拓扑势的概念，建立了基于拓扑势的加权网络节点重要性评估方法。细致描述了算法流程，讨论分析了算法参数和时间复杂性。具体来说，根据节点拓扑势场的势熵 $H$ 与影响因子 $\sigma$ 之间的关系，通过迭代计算拓扑势熵 $H$ 和逐步缩小影响因子 $\sigma$ 的取值范围，最终确定最小拓扑势熵 $H_{\min}$ 和影响因子 $\sigma$ 的最优值。仿真实验结果表明，基于拓扑势的节点重要性评价方法对于加权网络上节点重要性的评估，在结果准确性和数值精度等方面都明显优于节点度、节点强度、加权点介数以及节点收缩等方法。在进一步分析研究网络舆论中节点属性特征的基础上，建立了基于拓扑势的网络舆论节点重要性评估方法。首先通过建立节点属性矩阵把网络舆论中的个体属性进行数值化的表示，然后通过一系列数学方法计算出节点质量，最后计算出节点的拓扑势值，进行节点重要性的评估。通过实验分析可以看出，基于拓扑势的网络舆论节点重要性评估方法因为综合考虑了节点在复杂网络中的拓扑结构特征以及节点自身的属性，所以比节点度、介数、接近度等传统的评估方法更加准确地显示出节点在网络中的位置信息和差异性，同时对于网络舆论传播的理论研究和实际管控都具有重要的参考价值。

（4）运用人工智能、复杂系统、大数据分析、传播动力学、模式识别等多学科交叉的研究方法和工具，提出一种基于深度强化学习的谣言早期检测模型，将在线社会网络中传播的信息按其发布时间以信息流的形式进行输入。每当一个新消息到来，模型都会对其进行判别，并将判别结果输入强化学习模块，强化学习模块利用奖励机制对当前检测结果进行判断，并根据准确率来进行策略选择。如果准确率满足要求，则输出判别结果，否则继续监听。通过这种方式，不仅实现了谣言的早期发现，还能有效保证检测的准确率。

为了解决谣言分类的准确度不高以及分类器使用时泛化性不强的问题，本书提出了一种基于自注意力机制的混合特征谣言分类模型。它可以通过文本内容和时间序列信息提取谣言时间序列特征，将提取出的时间序列特征和用户特征进行混合表示，通过自注意力机制提取事件的隐层表达，并采用反向传播算法不断优化模型参数，最后使用 Softmax 分类器实现网络谣言的识别分类。

为了有效利用谣言的传播特征与散布特征进行快速准确的谣言传播预测，本书提出了一种基于双通道 LSTM 的图神经网络谣言传播预测模型。模型通过图神经网络分别提取谣言的高维度传播特征和散布特征，然后通过双通道 LSTM 模块将特征进行时间序列增强表示，通过集成学习充分挖掘两者之间的内在联系，同时引入 Dropout 算法以避免模型的过拟合和提升泛化能力，最终得到对谣言传播预测的准确结果。

本书的出版得到成都师范学院学术专著出版基金资助。同时得到四川省科技计划项目 2018JY0202、四川省教育厅自然科学重点项目 18ZA0083、四川省哲学社会科学重点研究基地社会发展与社会风险控制研究中心 2020 年度项目"重大疫情背景下的网络舆情早期检测与风险防控研究"SR20A01、四川省教育信息化应用与发展研究中心项目 JYXX20-020、教育部产学合作协同育人项目 201702063024、四川省首批地方普通本科高校应用型示范课程 SJYYSFKC1803、成都师范学院创新创业教育示范课程 2018XJCXCYK02、成都师范学院校级教改项目 2020JG29 等资助。

孙　睿

2020 年 8 月 21 日

# 目　　录

## contents

# 第 1 章 绪　　论

## 1.1　复杂网络演化和网络舆论传播的研究背景及研究意义

我们生活在一个复杂而多变的世界里，现实世界中的诸多复杂系统都以网络的形式存在 [1~16]。比如，社会系统中的人际关系网 [1]、科学家合作网 [2]、演员合作网 [3]、世界贸易网 [4] 和流行病传播网 [5]，生态系统中的食物链网 [6]、神经元网 [7]、新陈代谢网 [8] 和蛋白质相互作用网 [9]，信息系统中的论文引用网 [10]、因特网 [11] 和万维网 [12]，人工技术系统中的电话网 [13]、电力网 [14]、电子邮件网 [15]、交通运输网 [16] 等。一个典型的网络是由许多节点与连接节点的一些边所组成的，其中节点代表真实系统中不同的个体，边则表示个体之间的关系，如果两个节点之间具有某种特定的关系，则连一条边，反之则不连边。现实世界的复杂网络所蕴含的小世界效应 [14]、无标度特性 [17] 以及社区结构 [18] 等重要的拓扑结构属性大大地改变了人们基于规则网络和随机网络 [19] 所形成的对复杂网络的传统认识。借助于现代统计物理学和非线性动力学等研究方法，国内外近 20 多年来对于复杂网络的研究取得了许多具有重大意义的研究成果 [20-31]。目前，复杂网络理论已成为复杂系统与复杂性科学研究的重要分支，吸引了来自物理、数学、生物、社会学、计算机科学和复杂性科学等众多领域的学者和研究人员。

在简单定律下自然界可以呈现复杂结构，而在复杂背景下自然界可能遵循简单规律。复杂网络是研究复杂系统拓扑结构和动力学性质的强有力工具，结构和功能是复杂网络研究的两个核心问题 [21]。通过对复杂系统的实证研究，构建出体现系统宏观特性的复杂网络模型，从而可以揭示出复杂网络拓扑结构的形成机理和演化规则。复杂网络演化模型的研究是复杂网络研究的基础和关键，但就目前而言，还没有一种简单方法能够生成完全符合真实统计特征的复杂网络[22]，因此如何构建出更加符合实际网络拓扑属性的网络模型以及更深入发掘演化机制的深层动因成为了极其重要的研究课题。

自然界和人类社会中的许多传播演化行为都可以用复杂网络动力学来进行研究。比如，传染病病毒的传播和变异[23]、计算机病毒的蔓延[24]、谣言的扩散[25]、文化信息的传播[26]等。其中，舆论的演化传播即舆论动力学[27]是一个很值得关注的问题。简单来说，舆论是公众对社会现象和社会问题的共同意见。舆论动力学发展到目前为止，虽然许多学者和研究人员做出了艰苦的努力，已经有了一些可喜的成果，但是依然没有一个统一的理论框架[28]。特别是随着通信和互联网技术的飞速发展，互联网与各种新媒体成为了公众表达和交流的重要平台。由于互联网等所具备的网络传播的技术特点，使网络舆论的信息更加综合和多元，舆论的表达和演化更加快捷，舆论传播的方式更加多样。这些新的网络舆论特性对于群众社会生活以及政府相关决策的影响也越来越大。因此，近几年来，有关网络舆论的生成、传播、演化以及对于舆情态势的分析、监控、预警、引导等研究受到很广泛的关注，对于维护国家安全、保持社会和谐稳定具有重要的理论价值和现实意义。同时，大量的实证研究表明，舆论传播的客观环境，无论是社会系统中的人际关系网还是信息系统中的因特网和万维网，都明显具有复杂网络的特征和属性。因此，以复杂网络作为传播载体的网络舆论具备了一些有别于传统舆论的新特性，传统舆论的传播演化模型已经无法准确刻画复杂网络上信息传播和个体交互的特有属性。所以，研究复杂网络上信息传播的结构，以及在其作用下的舆论观点演化与舆论涌现过程，成为了复杂网络动力学研究领域的重要课题。

总之，复杂网络演化模型和网络舆论传播模型的研究是相辅相成、相互促进的，复杂网络作为舆论传播的载体，其演化模型的研究是舆论传播相关研究的基础，同时网络舆论的演化传播机制是复杂网络动力学研究的重要组成部分。

## 1.2 复杂网络演化和网络舆论传播的主要研究工作

本书各章节的内容安排如下。

第一章为绪论。首先介绍了复杂网络演化和网络舆论传播的研究背景和研究意义。复杂网络研究是当前多学科交叉的热门研究领域，复杂网络生长演化模型是复杂网络中基础且十分重要的研究课题之一，而网络舆论的研究则是当前新的社会发展形势下迫切的需求。然后简要介绍了本书主要的研究工作和创新点。

第二章为复杂网络的简介。第一节概述了复杂网络的发展历史，从创始图论用于实际问题的研究再到规则网络和随机网络的应用，直到无标度特性和小世界效应的相继发现标志着复杂网络研究的正式确立。第二节系统综述了复杂网络的研究现状。复杂网络因其复杂性、动态性等特点，使其跨越了从自然网络到社会网络等众多的研究领域，吸引了多学科的研究人员和学者极大的研究热情，产生了许多重要的研究成果。第三节总结了复杂网络主要的四个方面的研究内容。包括网络实证研究和网络统计特征分析、网络模型的构建、复杂网络动力学行为的研究和复杂网络的应用研究。第四节介绍了复杂系统的网络描述以及网络结构的统计特性。主要包括平均路径长度、度和度分布、度－度相关性、群集系数、介数、社区结构，以及节点强度、最大连通子图、模体、模块度、谱特征值、环系数等其他网络统计特性。

第三章为复杂网络演化模型。第一节详细介绍了最经典的复杂网络演化模型，包括规则网络模型、ER 随机网络模型、WS 小世界网络模型和 BA 无标度网络模型。对于每一种网络模型都说明了模型的创建思想和构造算法，并且分析和比较了生成网络的平均路径长度、度和度分布、群集系数等几个主要描述网络拓扑的特征属性。在这一节中还详细介绍了 BA 无标度网络度分布计算的四种主要方法，分别是平均场方法、率方程方法、主方程方法和马尔可夫链方法。第二节系统介绍了其他重要的复杂网络演化模型，包括 NW 小世界网络模型、AB 网络模型、适应度模型、混合演化模型、加速增长网络模型、局域世界演化模型、HK 网络模型、耦合网络生长模型、分形网络模型、BBV 加权网络模型等。

第四章为基于节点吸引力的复杂网络演化模型。由于 WS 小世界网络模型和 BA 无标度模型在节点度分布以及群集系数等方面与实际网络存在较大的差异，因此本书提出了更符合实际的节点吸引力模型。前两节首先定义了节点吸引力的概念，然后分别介绍了两个经典的模型——Dorogovtsev 节点吸引力模型和 NAM 节点吸引力模型。以模型的生成机制为重点，描述了网络的构造过程和相应的算法流程。此外，对于以上的两个模型，本书给出了网络度分布详细的计算和推导过程。在以上研究的基础上，提出了一种基于节点吸引力的可调参数复杂网络模型。该模型引入节点吸引力的概念，并使之与节点度共同影响网络的择优连接生长过程。运用平均场理论，细致严谨地推导出网络度分布的表达式。最后通过仿真实验，分别在平均路径长度、群集系数和度分布等方面与 Dorogovtsev 模型和 NAM 模型进行了比较。理论研究与仿真实验分析表明，网络度分布仍然服从幂率分布，并且具有较高的群集系数和平均路径长度，通过调节模型参数可以灵活地调整网络的生长演化过程，使之更加符合真实网络的拓扑结构和统计特性。

第五章为网络舆论传播简介。首先概述了网络舆论传播的基本概念，厘清了舆论与网络舆论的狭义概念以及广义概念之间的关系，并且以历史进程为脉络，简要介绍了网络舆论传播的发展历史和研究现状。特别强调了网络舆论传播演化模型和动力学研究在网络舆论研究中举足轻重的地位。接着从网络舆论演化过程具有高度的复杂性、开放性、自组织性、非平衡性等特征出发，结合现今自然科学、社会科学、经济科学以及网络科学发展的最新状况，总结出网络舆论传播演化的一些重要的新特性。

第六章为网络舆论传播演化模型。舆论动力学是网络舆论研究中重要且基础的研究课题，其主要试图解决引起舆论传播的深层动因和舆论传播演化所采用的机制这两个关键问题。本书重点关注网络舆论中个体交互模式的研究与观点演化的理论建模，系统详尽地介绍了一些经典的网络舆论传播演化模型，包括 Sznajd 模型、Deffuant 模型、KH 模型、Galam 模型、Voter 模型、多维观点模型，以及社会影响模型、博弈论模型、加权网络舆论演化模型等其他重要的网络舆论传播演化模型。对于这些模型，本书均进行了基本原理的解释和演化机制的详细描述，并且对模型在复杂网络上的动力学行为也进行了研究与探讨。特别地，对于复杂网络中三种基本的扩散传播模型——SI模型、SIS 模型和 SIR 模型，分别给出了传播动力学方程和方程的解，得出了模型在无标度网络和小世界网络上的阈值理论。将复杂网络上的病毒传播理论与网络舆论传播有机地结合起来，对于舆论的传播机理研究和防控策略制定有明显的助益。

第七章为基于复杂网络的谣言传播模型。谣言是一种人类社会所特有的现象，也是网络舆论动力学研究领域一类重要的分支。对于复杂网络上的谣言传播模型的研究具有十分重要的理论价值和现实意义。本章第一节从宏观上对影响谣言传播的诸多因素进行了探索和分析。第二节首先综述了谣言传播模型的发展历程和研究现状，然后简要介绍了几类具有代表性的谣言传播模型，其中包括 DK 模型、Potts 模型、元胞自动机模型、Zenette 小世界网络模型、Moreno 复杂网络模型等，同时分析了模型在复杂网络上的动力学特征。第三节通过引入谣言接受度函数的概念，构建了一个具有非一致传播率的无标度网络谣言传播模型。运用平均场方法建立动力学方程，并且详细计算和推导了其在无标度网络上不同的接受度函数表达式情况下的传播阈值。最后通过仿真实验，模拟并分析了此谣言传播模型的动力学行为以及所具有的典型的传播特性。

第八章为网络舆论节点重要性评估。第一节和第二节分别从网络拓扑结构和节点属性这两个大的方面系统综述了复杂网络舆论研究中节点重要性评估的模型和方法。第三节借助物理学中数据场的思想引入了节点拓扑势的概念，考察加权复杂网络上节点的拓扑属性，以此创建了基于拓扑势的加权网络节点重要性评估方法，并对此模型进行了算法参数和复杂性的分析。最后通过仿真实验，与节点度、节点强度、加权点介数、节点收缩等方法进行了比较，得到了与理论分析一致的结论。在以上研究的基础上，本章第四节进一步拓展了节点拓扑势的应用范围，综合考察节点在网络中的拓扑结构性质和节点自身的属性，构造出基于拓扑势的网络舆论节点重要性评估方法，细致描述了算法流程，讨论分析了参数取值的影响。从实验分析可以看出，本书提出的方法较之节点度、介数、接近度等传统的评估方法更加准确地显示出了节点在网络中的位置信息和差异，因此更接近于实际情况。

第九章为基于深度学习的网络谣言早期检测分类和传播预测研究。在线社会网络中的谣言早期检测、多类别分类和传播预测问题是一个多学科交叉的研究领域，涉及多个重要的研究课题。谣言早期检测和分类问题首先要解决谣言信息的词向量表示问题，这是自然语言处理研究领域的重要课题。网络谣言早期少量样本信息的特征提取和特征融合又涉及数据分析和信息融合领域的理论和方法。在此基础上的谣言分类又是一个典型的模式识别问题。而谣言传播模型的建立以及进一步的谣言的传播预测，又涉及复杂网络传播动力学、信息融合、时间序列预测等众多基础性的研究领域，是自然科学和社会科学不同领域共同关注的课题。随着移动互联和大数据技术的快速发展，如何进行快速准确的谣言检测分类和传播趋势预测成为了具有重要理论价值和现实意义的研究课题。目前以隐马尔可夫模型、支持向量机和传统机器学习为代表的传统方法在处理谣言早期检测、精准分类和传播预测问题时普遍存在识别分类准确性不高、预测结果过分依赖长期历史数据、系统实用性不强等诸多问题。本书基于深度学习等新一代人工智能理论，运用强化学习、自注意力机制、长短时记忆模型和图神经网络等方法工具，解决谣言检测分类和传播预测等关键技术问题。首先提出一种基于深度强化学习的谣言早期检测模型，解决高准确度的谣言早期检测问题。然后通过引入自注意力机制，建立基于混合特征的谣言分类模型，将提取出的谣言时间序列特征和用户特征进行混合表示，实现谣言的精准分类。最后提出了基于双通道长短时记忆的图神经网络谣言传播预测模型，通过集成学习谣言传播特征和散布特征，进行在线社会网络上的谣言传播预测。

第十章为全书的总结与展望。首先简要总结了本书的研究内容和主要创新点，然后概括研究所存在的问题和对今后研究方向的展望。

# 第 2 章　复杂网络简介

## 2.1　复杂网络的发展历史

复杂网络作为一个广泛交叉的新兴研究领域，其发展大致经过了三个历史阶段。虽然对于由节点和边所组成的几何图形的研究自古希腊欧几里得时代就已经兴起，但是科学史界普遍公认的对于复杂网络的科学性的研究则开端于 18 世纪瑞士著名的数学家欧拉（Leonhard Euler）对于哥尼斯堡（Königsberg）七桥问题（图 2-1）的研究 [32]。著名的哥尼斯堡七桥问题讨论是否存在一条环形路径，使这条路径通过普鲁士国的哥尼斯堡城市中的七座桥，并且每座桥只允许经过一次。欧拉把实际问题抽象成由节点和边构成的数学问题来求解，他的这种论证思想开创了数学中一个重要的分支——图论（graph theory）[33]。在图论诞生之后的 100 年时间内，现实世界的复杂系统总是倾向于用规则的拓扑结构——规则网络来表示，如一维链、二维平面欧几里得网格、近邻环网等 [28]。

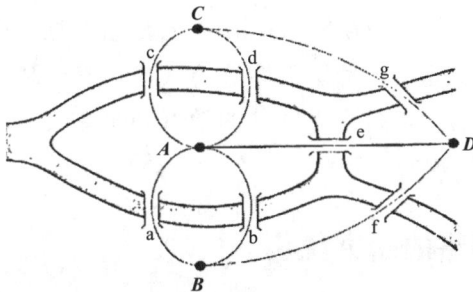

图 2-1　哥尼斯堡七桥问题

20 世纪 50 年代末，两位匈牙利数学家 Paul Erdös 和 Alfréd Rényi 首次将数学中概率论的理念运用于复杂系统的研究，提出了著名的随机图理论（random graph theory）[19]。随机图理论用以描述相对简单明确并且没有明显规则的大规模网络，人们将他们建立的随机图模型简称为 ER 随机图模型。随机图理论被公认为开创了复杂网络的系统性研究。随机图和经典图论之间最大的区别在于引入了随机的方法，使图的空间变得更大，其数学性质也相应地发生了巨大的变化[34]。由于随机图理论原理简单而且在数学上的表达优美，因此它成为随后的 40 年中描述真实复杂系统最有力的理论工具[35]。

然而，随着计算机的数据处理能力和运算能力的快速提升，研究人员对大规模网络的实证研究发现，现实世界中的很多网络既不是规则网络也不是完全随机网络，而是与传统的标准网络模型具有明显不同的统计特性的复杂网络结构[36~39]。1967 年，美国科学家 Milgram 给出了著名的"六度分离"实验（six degrees of separation）[40]，即世界上的任何一个人通过自己的朋友给一个陌生人传递一封信仅仅需要大约六次传递即可达成目标。这个看似令人不可置信的结果第一次明确地向人们展示了复杂网络中存在被形象地称为小世界（small world）的现象。1998 年，Watts 和 Strogatz 在 *Nature* 上发表文章，他们在"六度分离"科学实验的基础上，正式提出了在规则网络和随机网络之间任意变化的小世界网络模型，简称为 WS 小世界网络模型[14]。随后的 1999 年，Barabási 和 Albert 在 *Science* 上发表了重量级文章，他们对因特网进行大量实证分析，发现了复杂网络中存在的另一个重要特性——无标度（scale free）特性，提出了一个著名的无标度网络模型，简称为 BA 无标度网络模型[17]。2005 年，Song 和 Havlin 等证实现实世界网络存在分形拓扑结构[41]。小世界效应、无标度特性以及社区结构（community structure）[18]等重要的拓扑结构属性的发现与研究，使复杂网络的研究跨越了从 20 世纪 60 年代开始的以随机图理论[19]为主导的研究而进入了一个崭新的纪元。各种宏观性质的微观生成机制以及网络的演化规律等一系列问题吸引了来自众多领域的学者和研究人员，成为当前最重要的多学科交叉研究领域之一[42~44]。

## 2.2　复杂网络的研究现状

自从小世界效应和无标度特性这两个重要的特征属性被发现和研究，复杂网络（complex networks）正式作为一门新兴的学科领域登上了历史的舞台 [45]。对于复杂网络现在并没有一个统一的定义，但是普遍的认知是复杂网络属于复杂系统的大范畴，复杂网络是复杂系统的抽象，是具有自组织、自相似、吸引子、小世界、无标度、社区结构等特征的部分或全部性质的网络表示 [28]。复杂网络是一个包含了大量个体及个体间相互作用的系统，它的拓扑结构并不稳定，网络中的节点可增可减，节点之间原有的连边可能会断开，新的连边也可能会出现。整个网络可以是一个非线性的动力学系统，呈现出明显的复杂性 [46]。其复杂性主要体现在以下几个方面。第一，节点复杂性。大型网络中的节点数量很多，并且节点的类型往往多种多样，很多情况下节点具有一些非线性的动力学行为，本身便构成了一个复杂系统。第二，结构复杂性。网络的拓扑结构既不是规则的也不是完全随机的，而是相对更加复杂多样的内在组织结构。第三，演化复杂性。网络的整体结构随着时间和空间动态演化，而网络中的节点和边也在不断增减变化。复杂网络普遍存在于自然界和人类社会，如神经元网 [7]、新陈代谢网 [8]、蛋白质相互作用网 [9]、生态网络 [6]、人际关系网 [1]、科学家合作网 [2]、流行病传播网 [5]、论文引用网 [10]、电话网 [13]、因特网 [11]、万维网 [12]、电力网 [14] 等。因此，数学、统计物理学、图论、计算机科学、信息科学、生物科学、生态学、社会科学以及经济学等许多领域的研究学者都加入了复杂网络研究的阵营中。近年来，越来越多的论文和科技成果发表在国际多种学科的学术刊物上，从 SCI 和 EI 等检索机构的统计来看，以复杂网络为关键词的论文呈现逐年递增的蓬勃发展态势。

复杂网络的研究涉及从自然界到人类社会等多个方面的研究领域，近年来取得了非常丰富的研究成果。Barabási 和 Albert 通过研究大量真实网络的拓扑结构，重点概述了包括随机网络、小世界网络和无标度网络在内的复杂网络的主要模型以及分析方法，并且细致研究了复杂网络演化的涌现理论和拓扑结构的鲁棒性等动力学特性 [21]。Costa 等系统全面地概述了复杂网络中小世界性、度分布、平均路径长度、群集系数等拓扑特性的测量，进一步揭示了复杂网络的内在物理属性 [47]。Dorogovtsev 和 Mendes 研究了增长网络的统计特性，并且以统计物理学的方法研究了网络上的逾渗现象 [48]。Newman 则综述了复杂网络的发展历程，由浅入深地介绍了复杂网络的一些基本概念及统计特征，系统地分析和比较了复杂网络的生长演化模型，然后又重点说明了复杂网络上的动力学演化机制和产生的结果[22]。Barret 等人开创性地建立了一个加权复杂网络演化模型，分析了加权网络的演化机制和拓扑属性，探索和丰富了复杂网络在加权情况下的动力学特性[49]。Andrade 等介绍了层次网络、伪分形网络和自相似网络的构造模型，并且特别分析了几何增长网络的度分布和度指数[50]。陈关荣等对局域世界演化网络及其同步问题进行了深入的探讨与研究[51]。Boccaletti 等人则把有关复杂网络拓扑结构和动力学研究中的重要概念及结论，扩展到统计力学、非线性科学、生物学、经济学、社会学、信息学、医药学和工程学等不同的研究领域[52]。Barabási 等在文献 [53] 中回顾了自从无标度特性发现以来复杂网络模型研究发展的状况，并且展望了复杂网络研究未来的广阔前景。吴金闪等从统计物理学的角度整理与总结了复杂网络目前的主要研究结果，对不同网络的静态几何量的研究现状分别做了综述，概括了网络演化性质、网络的结构稳定性以及网络上的动力学模型等研究[54]。Dorogovtsev 和 Goltsev 综述了大型子图的涌现、通信拥塞现象的动因、复杂网络中的粒子交互模型、疾病传播中的临界现象和网络的同步等复杂网络上的传播动力学[55]。Castellano 等结合了社会动力学和统计物理学，系统全面地分析了舆论形成动力学、文化传播动力学、语言形成动力学和人类行为动力学等社会系统中的群体涌现现象[56]。Arenas 等重点研究了复杂网络上的同步现象以及同步现象在多个学科领域中的应用[57]。汪秉宏等详细总结了近年来复杂网络上动力学系统同步的研究进展，分析了复杂网络同步的稳定性和特点，网络的几何特征量对同步稳定性的影响以及提高网络同步能力的方法等[58]。方锦清等综述了近年来非线性网络的动力学复杂性研究的若干进展，提出和研究了若干有意义的网络新模型及其普适特性，研究了小世界网络和无标度网络中分岔、阵发混沌和混沌的特性以及动力学同步与控制方法等[59]。

## 2.3 复杂网络的研究内容

自从复杂网络的小世界效应及无标度特性被科学家发现并研究之后，有关复杂网络的各种研究方兴未艾，不同领域的研究者们在不同方向上开展了相关的研究工作。从目前的研究动向上，我们不难发现这样的趋势，那就是在复杂网络的理论研究方面出现了许多新的模型和分析方法，而在对大量现实网络的细致深入研究中也发现了许多新的结构特征和行为现象，不同领域的研究都需要复杂网络相关思想与理论的帮助。概括地说，复杂网络的研究主要表现在以下几个方面。

### 2.3.1　复杂网络的实证研究以及网络统计特征的深入分析

复杂网络研究中最基本的是网络的结构问题，复杂网络研究正是发端于如何发现和定义反映真实网络结构特征的度量值。对于包括现实网络和人工网络模型在内的复杂网络，研究人员已经定义了一系列包括度与度分布、平均路径长度、群集系数、社区结构等在内的网络统计特征基本参数，用以描述网络结构的普遍特性[21]。在此基础上，进一步深入分析实际网络的数据和结构属性，探索复杂网络中蕴含的新特征，并且研究这些统计特征之间的相互关系，力争以此为切入点探索网络更加内在和深层的本质规律。还要特别注意的是，对于规模很大的网络，往往很难获得完整的、准确的数据信息，因此有必要论证局部的网络特征能否正确反映整个网络的拓扑性质。

### 2.3.2　复杂网络的建模研究

研究人员通过确定的生成算法可以构建符合真实网络统计特征的网络模型，以及进一步模拟真实网络的动力学行为。实践证明，早期的规则网络和随机网络都不能很好地符合真实网络的复杂特性。因此 WS 小世界网络模型和 BA 无标度网络模型应运而生，较好地解释了复杂网络的形成机理。随后涌现出以确定性小世界模型[60]、BA 模型的扩展模型[61~63]、增长网络模型[64~66]、加权网络模型[67]、动态网络模型[68]、具有社区结构的网络模型[69]等为代表的一大类演化模型，进一步揭示了复杂网络的内在属性。但是，这些现有的模型对于真实网络来说仍然过于简化，尤其不能完全符合大多数网络的多种属性特征。因此，进一步理解网络生成的机制，建立更加合理的网络模型，是目前的一个重要研究方向。

### 2.3.3　复杂网络的动力学行为研究

复杂网络是一个复杂的动力系统，其中每个节点都是组成这个复杂系统的动力学单元。复杂网络研究的一个主要课题就是研究复杂网络的动力学行为，其中包括复杂动态网络的鲁棒性和同步能力[70]，复杂网络集体同步

动力学 [71]，混沌动力系统在网络上的同步性能 [72]，网络的拥塞现象 [73]，网络舆论和谣言在复杂网络上的动力学行为 [74,75]，疾病、信息、知识等在复杂网络上的传播 [76]，小世界网络中的自组织临界现象 [77]，复杂网络中的湍流、振荡现象 [78]，网络节点故障导致的级联崩溃 [79] 等问题。这些关于复杂网络动力学各方面的问题，吸引了众多的研究人员进行深入探讨与研究。同时，我们注意到不仅网络的拓扑结构能够影响其动力学行为，网络的动力学行为也会反过来影响到网络的拓扑结构。因此，应该从这两方面入手进一步厘清复杂网络结构特征与动力学行为之间的相互关联和作用。

## 2.3.4　复杂网络的应用研究

尽管关于复杂网络的理论研究尚处于起步阶段，很多问题还在不断地探讨和完善之中，但是复杂网络已经开始广泛地应用于多个学科领域。例如，在复杂网络上进行时间序列分析，构建了全球气候网络，以此来整理和分析气候变化情况 [80]；网络鲁棒性研究可应用于网络优化设计和网络安全问题 [81]；复杂网络稳定性的研究可以在对互联网、电力网、交通网等人工技术网络的保护中发挥重要作用 [82]；复杂网络同步问题的研究在移动通信领域中具有重要意义 [83]；复杂网络动力学应用于社会网络，研究舆论等信息在网络结构上的传播行为，可以有效地管控谣言的扩散，降低其危害 [84]；复杂网络拓扑结构和动力学相互作用的研究可以有效防止黑客的网络入侵行为，阻止计算机病毒在互联网上传播蔓延，也可以预防疾病在人群中的传播，有助于指导制定有效的免疫策略 [85]；复杂网络应用于神经网络，可以有效研究人脑的神经传递功能 [86]；将复杂网络理论应用于生物学领域的蛋白质相互作用网，可以通过分析网络的统计特征而进一步深入理解生物网络的内部机理 [87]；对于语言网络的特性研究，可以部分解释人脑所具有的联想功能 [88]；复杂网络基础特征结合网络虚拟社群、即时通信交流软件，可以研究社会关系网络的演化动力学 [89]；研究互联网的复杂结构，可以启发研究人员提出相应的搜索算法，使人们更便捷地获得有用的信息 [90]。可以预见，复杂网络理论成果的实际应用也将成为今后研究的一个主要方向。

## 2.4　复杂网络的统计特性

### 2.4.1　复杂网络的图表示

图是用数学的方式对具有相互作用的一个实体集的抽象表示。其中，实体集中每个相互作用的实体抽象为节点，节点之间的相互作用以两个节点的连线来表示，在图论中称之为边。一般来说，我们把一个具体的复杂网络抽象表示为一个图。

**定义 2.1**　图 $G=(V,E)$ 表示复杂网络，其中，$V=\{v_1,v_2,\cdots,v_n\}$ 为节点的非空有限集，$E\subseteq V\times V$ 为节点偶对或边的集合，$|E|=m$，即节点数为 $n$，边数为 $m$。

如果图 $G=(V,E)$ 中的任意节点对 $(v_i,v_j)$ 和 $(v_j,v_i)$ 对应同一条边 $E_{ij}$，即网络中的边是没有固有的方向的，我们就把这种网络称为无向网络（undirected network），否则称之为有向网络（directed network）。

**定义 2.2**　在给定的网络 $G$ 中，称 $A=(a_{ij})$ 为 $G$ 的邻接矩阵，其中：

$$a_{ij}=\begin{cases}1,& \text{若} v_i \text{和} v_j \text{之间有边相连}\\ 0,& \text{若} v_i \text{和} v_j \text{之间无边相连}\end{cases}$$

如果网络 $G$ 是一个无向网络，则邻接矩阵 $A$ 是一个 0-1 对称矩阵；如果网络 $G$ 是一个有向网络，则邻接矩阵 $A$ 是一个非对称的 0-1 矩阵。

为了定义网络路径的长度，所有的边都采用统一的长度标准。同时，不考虑有环边（loop）和重边（multi-edges）的情况。环边是指边的起始节点和终止节点是同一个节点，重边是指两个节点之间存在多于一条的连边。这样无环边且无重边的图称为简单图（simple graphs），简单图可能存在的最大边数为 $n(n-1)/2$。如果图中实际的边数与 $n(n-1)/2$ 差不多，则称其为密集图；如果图中实际的边数与节点数 $n$ 存在线性关系，则称其为稀疏图。

其次，考虑网络中节点之间的作用强度：如果给边赋予不同的权值，就形成加权网络（weighted network）；如果网络中的每条边都是相同的，则称之为无权网络（unweighted network）。

**定义 2.3**　网络 $G=(V,E,W)$ 表示加权复杂网络，其中，$G$ 是一个无向连通图，$V=\{v_1,v_2,\cdots,v_n\}$ 为节点非空有限集，$E=\{e_1,e_2,\cdots,e_m\}$ 为边集，即节点数为 $n$，边数为 $m$，$W=\{w_{e_1},w_{e_2},\cdots,w_{e_m}\}$ 为权值集。网络 $G$ 中任意节点之间最

多只有一条边相连，边权采取相异性原则，即权值越大，节点间距离越远，关系越不紧密。$w_{ij} \in (0,+\infty)$，且 $w_{ij} = w_{ji}$，$w_{ij} = +\infty$ 表示两点间无连接。

**定义 2.4** 在给定的加权网络 $G$ 中，$A = (a_{ij})$ 为 $G$ 的邻接矩阵，其中：

$$a_{ij} = \begin{cases} w_{ij}, & \text{若} v_i \text{和} v_j \text{之间有边相连} \\ \infty, & \text{若} v_i \text{和} v_j \text{之间无边相连} \\ 0, & \text{若} i = j \end{cases}$$

式中：$w_{ij}$ 表示节点 $v_i$ 与节点 $v_j$ 之间连边的权值。

和无权网络的情况类似，如果加权网络 $G$ 是一个无向网络，则邻接矩阵 $A$ 是一个对称矩阵；如果加权网络 $G$ 是一个有向网络，则邻接矩阵 $A$ 是一个非对称矩阵。

在复杂网络的研究中，科学家提出了许多复杂网络特征的统计参量和度量方法，用来刻画复杂网络的拓扑结构和动力学性质。其中，有几个概念是最基本且至关重要的，主要包括平均路径长度、节点度和度分布、群集系数、度相关性、介数、社区结构等。下面就一一介绍这些统计特征参数。

## 2.4.2 平均路径长度和直径

在图中，给定两个节点 $v_i$ 和 $v_j$，从节点 $v_i$ 出发，经过一系列的边和节点最终到达节点 $v_j$，这样的一条路径即通路。它所经过的边的数目就定义为通路的长度。通路中允许节点和边重复出现，如果一条通路没有重复的节点，也就是不存在环路，这样的通路称为路径（path）。如果从图中任意挑选两个节点，它们之间都有路径相连，则称此图为连通图，否则，称之为非连通图。

**定义 2.5** 图 $G = (V,E)$ 表示无向无权复杂网络，其中，$V = \{v_1,v_2,\cdots,v_n\}$ 为节点的非空有限集，$E \subseteq V \times V$ 为节点偶对或边的集合，$|E| = m$，即节点数为 $n$，边数为 $m$。网络 $G$ 中连接两个节点 $v_i$ 和 $v_j$ 的最短路径上的边数，称为节点 $v_i$ 到 $v_j$ 的距离（distance），记为 $d_{ij}$。

**定义 2.6** 无向无权网络 $G$ 中任意两个节点间距离的平均值，称为平均路径长度（average path length），记为 $L$。它可以表示为

$$L = \frac{1}{\frac{1}{2}n(n+1)}\sum_{i \geq j} d_{ij} \tag{2-1}$$

式中：$d_{ij}$是从节点$v_i$到节点$v_j$的距离，$n$为网络中节点的总数。

网络的平均路径长度也可称为网络的特征路径长度（characteristic path length）[91]。平均路径长度的定义在网络是非连通图时会出现问题，即平均路径长度$L$会产生发散而变为无穷大。这是因为我们把非连通节点间的距离定义为了无穷大，这自然将导致$L$也为无穷大。为了解决这个问题，一种方法是把公式（2-1）仅使用于网络中的最大连通的部分，但是这也只是一个权宜之计，并没有真正解决非连通图平均路径长度发散问题；另一种方法是用由 Lotora 和 Marchiori 提出的称为网络效率的测量量来取代平均路径长度[92]。

**定义 2.7**　网络$G$中，网络效率的测量量$E$表示为

$$E = \frac{1}{n(n-1)} \sum_{i,j \in n, i \neq j} \frac{1}{d_{ij}} \tag{2-2}$$

式中：$d_{ij}$是从节点$v_i$到节点$v_j$的距离，$n$为网络中节点的总数。

网络效率的测量量$E$反映了网络的传输效率，因为网络$G$中属于不同连通部分的节点对在$E$中的贡献均为零，所以避免了平均路径长度$L$定义的发散性。

还有一种避免平均路径长度发散性的方法是定义平均路径长度的谐和平均路径长度$L^{-1}$[22]。

**定义 2.8**　网络$G$中，谐和平均路径长度$L^{-1}$表示为

$$L^{-1} = \frac{1}{\frac{1}{2}n(n+1)} \sum_{i \geqslant j} d_{ij}^{-1} \tag{2-3}$$

式中：$d_{ij}$是从节点$v_i$到节点$v_j$的距离，$n$为网络中节点的总数。

谐和平均路径长度$L^{-1}$很巧妙地运用了数学上的变换，自然消除了无穷大，有效地化解了非连通网络图的计算分离问题。

**定义 2.9**　网络$G$中任意两个节点间距离的最大值，称为网络直径（diameter），记为$D$。它可以表示为

$$D = \max d_{ij} \tag{2-4}$$

式中：$d_{ij}$是从节点$v_i$到节点$v_j$的距离。

网络的平均路径长度和直径衡量的是网络的传输性能和效率。平均路径长度决定了网络有效连接的尺寸，体现了网络的平均分离程度，同时较好地衡量了复杂网络的疏密程度，描述了网络的随机性和动态性[21]。

### 2.4.3 度与度分布

**定义 2.10** 在无向网络 $G$ 中，节点 $v_i$ 的度（degree）是指与该节点连接的边数，也就是此节点所有邻居节点的数目，记为 $k_i$。其表示为

$$k_i = \sum_j a_{ij} \qquad (2-5)$$

式中：$a_{ij}$ 是无向网络 $G$ 的邻接矩阵 $A$ 的元素。

**定义 2.11** 在有向网络 $G$ 中，节点 $v_i$ 的度分为出度（out-degree）和入度（in-degree），分别代表图中所有由节点 $v_i$ 指向其他节点的边数和所有由其他节点指向节点 $v_i$ 的边数，记为 $k_i^{\text{out}}$ 和 $k_i^{\text{in}}$。可分别表示为

$$k_i^{\text{out}} = \sum_j a_{ij} \qquad (2-6)$$
$$k_i^{\text{in}} = \sum_j a_{ji} \qquad (2-7)$$

式中：$a_{ij}$ 和 $a_{ji}$ 都是有向网络 $G$ 的邻接矩阵 $A$ 的元素。

因此，有向网络 $G$ 中，节点 $v_i$ 的总节点度就是此节点出度和入度之和，即 $k_i = k_i^{\text{out}} + k_i^{\text{in}}$。节点度序列是指把网络中所有节点的度按照顺序进行排列。

**定义 2.12** 在网络 $G$ 中，所有节点 $v_i$ 的度 $k_i$ 的平均值称为网络的平均度，记为 $\langle k \rangle$。其表示为

$$\langle k \rangle = \frac{1}{n} \sum_i k_i = \frac{2E}{n} \qquad (2-8)$$

式中：$k_i$ 是节点 $v_i$ 的度，$n$ 为网络中节点总数，$E = \frac{1}{2} \sum_i k_i$ 是网络中的总边数。

网络中节点度的分布情况可以用概率分布函数 $P(k)$ 来描述，称为度分布（degree distribution）。在网络中不存在孤立节点、环边和重边的条件下，$P(k)$ 表示随机选定一个节点恰好有 $k$ 条边连接的概率，也就是节点度为 $k$ 的节点占全部网络节点的比例。下面介绍一些文献中对度分布的定义 [93]。

**定义 2.13** 在时刻 $t$ 从网络中随机选择一个节点，节点度数为 $k$ 的概率 $P(k,t)$ 称为网络在 $t$ 时刻的瞬时度分布。当网络规模足够大时，如果 $\lim_{t \to \infty} P(k,t) = P(k)$ 存在，则称 $P(k)$ 为网络的稳态度分布。

此度分布的定义即从网络中随机选择一个节点，它的度为 $k$ 的概率为 $P(k)$。

**定义 2.14**　在时刻$t$网络中具有度数为$k$的节点的频数，即度数为$k$的节点的个数为$N_k(t)$，则$N_k(t)/t$称为网络在$t$时刻的瞬时频率。当网络规模足够大时，如果$\lim\limits_{t\to\infty}E[N_k(t)/t]=P(k)$存在，则称$P(k)$为网络的稳态度分布。

**定义 2.15**　假设节点$v_i$在第$i$时刻加入网络，它在$t$时刻度数为$k$的概率为$P(k,i,t)$，则平均概率$P(k,t)=\sum\limits_{i=1}^{t}P(k,i,t)\Big/t$称为网络在$t$时刻的平均度分布。当网络规模足够大时，如果$\lim\limits_{t\to\infty}P(k,t)=P(k)$存在，则称$P(k)$为网络的稳态度分布。

因为$k_i(t)$是在第$i$时刻加入的节点在$t$时刻的度，故可定义示性随机变量

$$I_i(k,t)=\begin{cases}1, & k_i(t)=k\\0, & k_i(t)\neq k\end{cases} \tag{2-9}$$

根据$N_k(t)$和$P(k,i,t)$的定义，以及概率论中的数学期望的性质，有

$$E[N_k(t)]=E\left[\sum_{i=1}^{t}I_i(k,t)\right]=\sum_{i=1}^{t}P\{k_i(t)=k\}=\sum_{i=1}^{t}P(k,i,t) \tag{2-10}$$

这就说明在$\lim\limits_{t\to\infty}P(k,t)=P(k)$存在时，从统计和概率两种角度定义的网络度分布是等价的。

再者，根据以上介绍的网络平均度$\langle k\rangle$和度分布$P(k)$的定义，可得

$$\langle k\rangle=\sum_k kP(k) \tag{2-11}$$

同时，已知网络$G$中的节点总数为$n$，由于每个节点的度最小为1，最大为$n-1$，所以可知度分布满足如下的归一化条件

$$\sum_{k=1}^{n-1}P(k)=1 \tag{2-12}$$

在有向图中，节点度分布又分为入度分布$P(k^{in})$和出度分布$P(k^{out})$。在无向图中，另一个反映图的拓扑信息的重要特征参量是节点度$P(k)$的$n$阶矩，其定义为

$$\langle k^n\rangle=\sum_k k^nP(k) \tag{2-13}$$

其中，一阶矩$\langle k\rangle$就是网络$G$的平均度，二阶矩$\langle k^2\rangle$描述了节点度分布的波动。在网络$G$中，如果无法从一阶矩$\langle k\rangle$辨识出度分布的性质，而二阶矩$\langle k^2\rangle$很大或当网络规模$N\to\infty$时发散，则称网络$G$具有节点度的异质性[48]。二阶矩的发

散与否将会根本性地影响网络上的动力学过程。

复杂网络中节点的度与度分布是网络特征参数中简单但是非常重要的概念。度的大小在不同的复杂网络中所表示的含义是不同的。一般情况下，节点的度与这个节点在网络中的重要性是呈正比的。

常见的网络度分布主要有单点分布、泊松分布和幂率分布（图2-2）等。完全规则网络的所有节点都具有相同的度$k$，所以其度分布为单个尖峰的单点分布，即连续$\delta$分布。随机网络和小世界网络的度分布近似为泊松（Poisson）分布，$P(k) = \langle k \rangle^k \, \mathrm{e}^{-\langle k \rangle} / k!$，其中，$\langle k \rangle$是网络的平均度。泊松分布的形状在远离峰值$\langle k \rangle$处呈指数下降。泊松分布的网络中度$k \ll \langle k \rangle$和$k \gg \langle k \rangle$的节点非常稀少，绝大多数节点度都很接近，都集中在平均度附近，所以常用平均度$\langle k \rangle$代替每个节点的度。鉴于此，随机网络和小世界网络又称为均匀网络或同构网络（homogeneous network）[94]。近年来，大量实证研究表明，许多真实的社会网络和生物网络的度分布明显不同于单点分布和泊松分布，而是具有明显向右倾斜的幂率形式$P(k) \propto k^{-\gamma}$，其中$\gamma$为度分布指数且$2 \leqslant \gamma \leqslant 3$。幂率（power-law）分布曲线没有峰值，曲线随度数$k$下降且下降速度明显慢于泊松分布。幂函数的一个重要数学性质是标度不变性，也称为无标度（scale-free）特性。我们把度分布服从幂率分布的网络称为无标度网络。实证研究还表明，大部分实际网络的度分布指数为$2 \leqslant \gamma \leqslant 3$，网络中节点度的差异很大，绝大多数的节点度相对较小，仅有少量的节点度相对较大。因此，无标度网络又称为非均匀网络或异构网络（inhomogeneous network）[95]。此外，实际网络中除了幂率分布还存在其他形式的度分布，如：电影演员合作网和蛋白质相互作用网的度分布主体是幂率分布再加上指数截断（cut off）[22]；电力网络的度分布服从指数分布，其形状在单对数坐标系下为一条倾斜下降的直线。

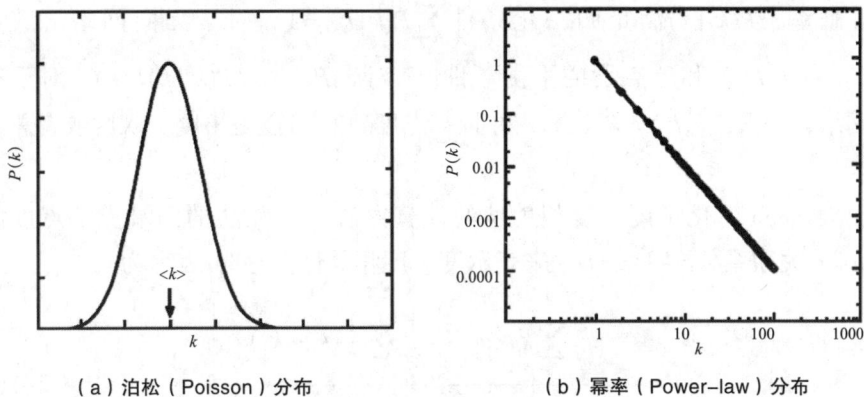

（a）泊松（Poisson）分布　　　　　（b）幂率（Power-law）分布

图 2-2　泊松分布与幂率分布 [96]

除了节点度分布 $P(k)$，用来描述网络节点度分布情况的另一个特征参量是累积度分布函数（cumulative degree distribution function）[22]，其定义为

$$P_k = \sum_{k'=k}^{\infty} P(k')\qquad(2-14)$$

累积度分布函数表示度不小于 $k$ 的节点的概率分布。这样可以充分反映测得的数据，而且有效地降低了幂率尾部的噪声。

### 2.4.4　度–度相关性

网络的节点度分布函数 $P(k)$ 只能用于描述网络中度为 $k$ 的节点所占的比例情况，但是很多情况下我们还需要知道不同节点度之间的关联性。因此，这里有必要介绍网络的度–度相关性（degree–degree correlation），也称匹配模式或者相配性（assortativeness）。如果网络中节点间的连接概率与度值是呈正比的，则称此网络是正相关（assortativity）的或正匹配的；反之，如果节点间的连接概率与度值是呈反比的，则称此网络是负相关（disassortativity）或负匹配的。

可以用条件概率 $P(k'|k)$ 来描述网络中节点度之间的关联 [21]。$P(k'|k)$ 表示网络中度为 $k$ 的节点与度为 $k'$ 的节点之间存在连边的概率，定义为

$$P(k'|k) = \frac{\langle k\rangle P(k,k')}{kP(k)}\qquad(2-15)$$

式中：$P(k,k')$ 是联合度分布，它表示的是边所连接的两个节点的度为 $k$ 和

$k'$ 的概率。$P(k'|k)$ 满足归一化条件 $\sum\limits_{k} P(k|k') = 1$。对于无向网络，满足 $P(k,k') = P(k',k)$ 和节点度的平衡条件 $k'P(k|k')P(k') = kP(k'|k)P(k)$；对于有向网络，一般 $P(k,k') \neq P(k',k)$，并且节点度 $k$ 和 $k'$ 可以是出度、入度或者总节点度。

Newman 简化了度 – 度相关性的计算方法 [97]，用边的两端点节点度的 Pearson 关联系数 $r(-1 \leqslant r \leqslant 1)$ 来表示度 – 度相关性。这时 $r$ 表示为

$$r = \frac{\dfrac{1}{M}\sum\limits_{j>i} k_i k_j a_{ij} - \left[\dfrac{1}{M}\sum\limits_{j>i} \dfrac{1}{2}(k_i + k_j)a_{ij}\right]^2}{\dfrac{1}{M}\sum\limits_{j>i} \dfrac{1}{2}(k_i^2 + k_j^2)a_{ij} - \left[\dfrac{1}{M}\sum\limits_{j>i} \dfrac{1}{2}(k_i + k_j)a_{ij}\right]^2} \tag{2-16}$$

式中：$k_i$ 和 $k_j$ 分别表示边连接的两个节点 $v_i$ 和 $v_j$ 的节点度，$M$ 为网络中总的边的数目。

如果 $r > 0$，网络为同配网络；如果 $r < 0$，网络为异配网络；当 $r = 0$，网络中不存在度 – 度相关性。Newman 讨论了几类网络的匹配情况，发现社会网络（如科学家合作网络和电影演员网络等）大部分是同配的，而技术网络和生物网络（如万维网和神经网络等）则是异配的 [97]。模型的同配程度越高，随机移除部分节点之后，模型的鲁棒性越强。Peltomaki 等研究了合作网络的相关性 [98]，Zhang 等研究了随机阿波罗网络的相关性 [99]，Garcia-Domingo 等研究了带有节点删除的增长型网络度相关性 [100]，Pastor-Satorras 等则重点研究了因特网的相关性 [11]。

### 2.4.5　群集系数

研究发现，很多现实世界复杂网络中不同的节点往往会因为某种原因而形成一个个的小团体。比如，在社会网络中，某人的两个朋友很可能也互为朋友；在蛋白质相互作用网络中，与某个特殊蛋白质细胞连接的两个细胞之间也可能相互作用。这种在复杂网络中普遍存在的现象即网络的聚集性，在社会学中也常常称为可传递性（transitivity）。为了描述节点聚集的程度，我们定义群集系数（clustering coefficient）的概念 [21]。

**定义 2.16**　网络 $G$ 中任一节点 $v_i$，其度数为 $k_i$，与节点 $v_i$ 有边相连的全部邻居节点构成了此节点的邻域，在邻域内最多有 $k_i(k_i-1)/2$ 条边，如果 $v_i$ 的

邻域中实际有$E_i$条边，则节点$v_i$的群集系数$C_i$定义为

$$C_i = \frac{E_i}{k_i(k_i-1)/2} = \frac{2E_i}{k_i(k_i-1)} \qquad (2\text{-}17)$$

对于节点度为 0 和 1 的节点，在上式中分子和分母都为零，定义这样节点的群集系数为 0。节点群集系数的这个定义因为便于用计算机进行计算，所以被广泛使用，尤其在社会学领域常被称为网络密度。

**定义 2.17**　整个网络$G$的群集系数$C$就是所有节点的群集系数$C_i$的平均值，即

$$C = \frac{1}{N}\sum_{i=1}^{N} C_i \qquad (2\text{-}18)$$

式中：$N$为网络节点总数。

同时，注意到在一般的网络中，群集系数的物理意义是网络中三个节点相互连接形成的三角构型在整体网络中所占的比例，因此还可以定义另一种网络群集系数 [22]。

**定义 2.18**　网络$G$的群集系数定义为三角构型在网络所有节点三元组中的比例，即

$$C = \frac{3\times\text{网络中三角形的总数}}{\text{网络中节点三元组的总数}} \qquad (2\text{-}19)$$

式中：节点三元组是指包含三个节点并且这三个节点必须是连通的。在有向网络中，节点三元组存在方向性。网络中的三角构型的个数，我们简记为$N_\triangle$，可以从网络的邻接矩阵直接计算出来，即

$$N_\triangle = \frac{1}{6}\text{tr}A^3 \qquad (2\text{-}20)$$

式中：tr表示求矩阵$A$的迹，即矩阵对角线上的元素之和。

根据以上的定义，可知$0 \leqslant C_i \leqslant 1$，$0 \leqslant C \leqslant 1$。当且仅当网络中不存在连边即所有的节点均为孤立节点时，$C = 0$；当且仅当网络中所有节点都彼此直接相连构成全局耦合网络时，$C = 1$。对于随机网络，有$C = p$，$p$为节点间的连接概率。Watts 和 Strogatz 指出，许多实际网络的群集系数远大于相同节点规模的随机网络 [14]。也就是说，许多实际网络更趋于具有集团的特性。研究发现，如果网络的节点总数与边数都分别相同，那么实际网络的群集系数明显大于相应的随机网络。

Ravasz 等研究发现许多真实网络同时具有无标度特性和较大的群集系

数，并且其群集系数$C$与节点度$k$满足关系$C(k) \propto k^{-1}$，通常把这种关系称为网络的层次性（hierarchical structure）[101]。

## 2.4.6 介数

在复杂网络中，节点和边是网络拓扑结构的主体，很多统计特征参数都是基于网络节点之间的距离和最短路径来定义的。网络的介数（betweenness）包括节点的介数和边的介数，分别反映了网络中节点和边的重要程度[102]。

**定义 2.19** 网络$G$中节点$v_i$的介数$B_i$定义为网络中任意两节点的最短路径中经过节点$v_i$的比例[103]，即

$$B_i = \sum_{u \neq v} B_i(u,v) = \sum_{u \neq i \neq v} \frac{\sigma_i(u,v)}{\sigma(u,v)} \tag{2-21}$$

式中：$\sigma(u,v)$表示节点$v_u$与节点$v_v$间的最短路径总数，$\sigma_i(u,v)$表示经过节点$v_i$的最短路径数，$B_i(u,v) = \frac{\sigma_i(u,v)}{\sigma(u,v)}$反映了节点$v_i$在连接节点$v_u$和$v_v$过程中所起的重要程度。整个网络的介数即所有节点介数的平均值。

Goh 等研究了网络中节点介数的分布情况，发现许多网络的介数分布服从幂率分布[104]。网络的节点介数可以反映当某一节点从网络中移除后平均路径长度的增加程度，因此在一定程度上它也反映了网络的抗毁性。

**定义 2.20** 网络$G$中边的介数$B_{ij}$定义为网络中任意两节点的最短路径中经过边$(v_i, v_j)$的比例[105]，即

$$B_{ij} = \sum_{u \neq v} B_{ij}(u,v) = \sum_{u \neq i \neq j \neq v} \frac{\sigma_{ij}(u,v)}{\sigma(u,v)} \tag{2-22}$$

式中：$\sigma(u,v)$表示从节点$v_u$到节点$v_v$的所有最短路径数，$\sigma_{ij}(u,v)$表示从节点$v_u$到节点$v_v$的所有最短路径中通过边$(v_i, v_j)$的最短路径数，$B_{ij}(u,v) = \frac{\sigma_{ij}(u,v)}{\sigma(u,v)}$反映了边$(v_i, v_j)$在连接节点$v_u$和$v_v$过程中所起的重要程度。

从介数的定义上可知，网络中经过节点$v_i$的最短路径越多，表示节点$v_i$所承受的信息量越大，因此其负载也越大。所以，介数的物理意义其实就是网络中节点和边的数据信息流量，即节点和边的负载。因此，介数在网络数据信息管控研究方面往往比节点度更为重要，但是介数的计算难度也要比节点度高很多。

### 2.4.7　社区结构

复杂网络的社区结构（community structures）虽然没有一个统一的标准定义，但通常描述为一组相互之间有较大的相似性，而与网络中其他部分有很大不同的节点及其连边所组成的集群[105]。整个网络由若干的社区组成，社区内部的联系相对紧密，社区之间的联系相对稀疏。大量的研究表明，很多不同类型的真实网络都呈现出社区结构的性质。例如：新陈代谢网络、神经网络所具有的社区结构反映了不同的功能单位；食物链网络中的社区反映了生态系统中的子系统结构；社会关系网络中社区结构反映了由于年龄、地域、爱好、职业、信仰等因素构成的不同群体，群体内部的交流和联系相比于不同群体之间更加紧密和频繁；引文网中也可以根据研究领域与研究兴趣的不同分成不同的小组；万维网中社区结构反映了网页上不同的主题和内容。

快速有效地发现复杂网络的社区结构，对研究网络的拓扑结构和动力学特征、理解复杂网络的功能以及预测网络的行为等具有十分重要的意义。发现复杂网络社区结构的算法可分为两大类：基于优化的方法（optimization based method）和启发式方法（heuristic method）。基于优化的方法是将网络社区发现问题定义为优化问题，通过设计和优化适当的目标函数来搜索使目标值最优的社区结构。其最具代表性的方法是 Newman 提出的基于局部搜索的快速复杂网络聚类算法，有时也称层次聚类（hierarchical clustering）[106]。此外，常用的算法还包括凝聚算法[107]、基于密度模块度函数的优化方法[108]、谱方法（spectral method）[109]、随机游走算法 Infomap[110] 等。启发式方法通常没有明确的优化目标，通过设计和运用合理的启发式规则发现网络社区结构。Girvan 和 Newman 最早提出了基于网络中边介数概念的分裂算法[18]，Wu 和 Huberman 提出了快速启发式算法[111]，基于遗传算法和基因表达式算法的社区发现方法[112,113]，Raghavan 等提出了标签传播算法 LPA[114]，Palla 等提出了用于发现重复社区结构的 CPM 算法[115]，等等。

### 2.4.8　其他特征参数

除了以上提到的几个复杂网络的重要特征参数以外，还有节点强度、最大连通子图、模体、模块度、谱特征值、环系数等其他的拓扑特征参量。

将无权网络中节点度的概念推广到加权网络中，得到节点的强度（strength）[28]。

其定义为在加权网络$G$中，各节点相互独立，节点强度为

$$s_i = \sum_{j \in N_i} \frac{1}{w_{ij}} \qquad (2\text{-}23)$$

式中：$N_i$是节点$v_i \in V$的近邻集合，$w_{ij}$为节点$v_i$与节点$v_j$之间连边的权值。节点强度$s_i \in (0, +\infty)$，与它和网络中其他节点的联系程度呈正比。

最大连通子图（giant largest component）是指用最少的边将所有节点连接起来所构成的子图[70]。研究发现，一个网络总是存在一个最大连通子图，最大连通子图内的任意两个节点间都可以连通，并且其节点数多于网络中任何其他子图。最大连通子图是网络在受到持续攻击时，测量网络功能的一个重要的参量。

模块（module）是指网络的一组节点集，它们彼此连接起来共同构成一个相对独立的功能集合。许多实际系统中都含有模块，如蛋白质相互作用网络中的功能模块、社会网络中的朋友圈、万维网上相似主题的网站等[116]。进一步的研究表明，许多实际网络的群集系数远大于相同规模和度分布的随机网络，这很明显地表明在复杂网络的局部涌现出了许多由节点紧密连接而构成的子图，这些子图称为模体（motif）[117]，它们在实际网络中的比例明显高于相应的随机网络。模体是复杂网络的基本模块[118]，辨识网络中的模体有助于深入发现网络的局部连接模式。

在网络模块性研究的基础上，Newman和Girvan提出了模块度$Q$的概念用以定量地衡量网络的模块性程度[18]。模块度（modularity）是网络社区结构中非常重要的一个特征测度。网络所表现出的社区结构就是节点模块性的直接体现。模块度$Q$定义为

$$Q = \sum_i (e_{ii} - a_i^2) = \mathrm{Tre} - \|e^2\| \qquad (2\text{-}24)$$

式中：$a_i = \sum_j e_{ij}$表示有一个端点在社区$i$中的边在所有边中的比例；$e_{ii}$表示两个端点都在社区$i$中的边的比例；$\mathrm{Tre} = \sum_i e_{ii}$则表示$n$个社区内部节点连边的比例；$\|e^2\|$为矩阵$e^2$的模，即$e^2$中元素的和。根据该定义，网络的社区结构越显著，$Q$值就越大。一般认为，当$0.3 \leq Q \leq 0.7$时，网络具有较强的社区结构[104]。

前文已经介绍过对于任何一个具有$N$个节点的网络$G$都可以用邻接矩阵$A = (a_{ij})$来表示。若无权网络中节点$v_i$和节点$v_j$有边相连，则$a_{ij} = 1$，否则，

$a_{ij}=0$。网络 $G$ 的谱就是它的邻接矩阵 $A$ 的特征值 $\lambda_j(j=1,2,\cdots,N)$ 的集合。网络谱密度（spectral density）定义为[119]

$$\rho(\lambda)=\frac{1}{N}\sum_{j=1}^{N}\delta(\lambda-\lambda_j) \qquad (2\text{-}25)$$

式中：$\delta$ 为狄拉克函数。当 $N\to\infty$ 时，谱密度函数 $\rho(\lambda)$ 接近于连续函数。以随机网络为例，保持节点的连接概率 $p$ 不变，当 $N\to\infty$ 时，$\rho(\lambda)$ 收敛为半圆弧。此外，网络的谱属性也可以反映网络的一些固有性质以及动力学上的性质，可用于网络连通性的判断以及社区结构的检测等[22]。

与网络群集系数的概念类似，Kim 等提出环系数用于度量网络中节点环的情况[120]。环系数 $\Theta_i$ 定义为节点 $v_i$ 与其邻居节点所构成的子网中最小环节点数的倒数，即

$$\Theta_i=\frac{2}{k_i(k_i-1)}\sum_{j,k}\frac{1}{n_{ijk}}a_{ij}a_{ik} \qquad (2\text{-}26)$$

式中：$n_{ijk}$ 为通过节点 $v_i$、$v_j$ 和 $v_k$ 的最小环路径上的节点数。若节点 $v_i$ 的邻居节点 $v_j$ 和 $v_k$ 直接相连，则 $n_{ijk}=3$；若节点 $v_i$、$v_j$ 和 $v_k$ 之间不存在环状路径，则 $n_{ijk}=\infty$。因此，可知整个网络的环系数 $\Theta$ 为

$$\Theta=\frac{1}{N}\sum_i\Theta_i \qquad (2\text{-}27)$$

当然，表征网络拓扑结构性质的参数还有很多，如网络结构熵、度分布熵及基尼系数等复杂网络的异质性指标，以及分形维数（fractal dimension）、度分布指数、鲁棒性、派系、$k-$核等。限于本书的篇幅，这些概念就不一一详细介绍了，感兴趣的读者可阅读扩展文献。

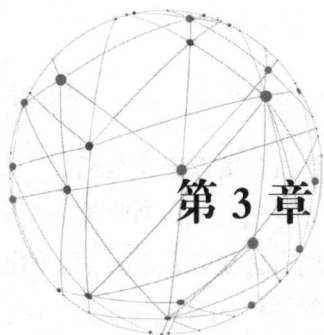

# 第 3 章　复杂网络演化模型

为了理解和解释真实网络的生成机制和演化规律，人们提出了许多网络模型，试图描述真实网络的复杂性。其中，最简单且最经典的包括规则网络模型、ER 随机网络模型、WS 小世界网络模型和 BA 无标度网络模型。本章首先结合平均路径长度、节点度分布、群集系数等网络拓扑性质对上述几个经典的复杂网络模型进行分析和研究，然后介绍其他一些重要的复杂网络演化模型。

## 3.1　经典复杂网络演化模型

### 3.1.1　规则网络模型

网络是由节点和节点之间的边所组成的系统。简单来说，如果节点按照某种规则进行连接，所得到的网络就称为规则网络（regular network）。规则网络是一类最简单的网络模型，有关它的研究具有悠久的历史，最早可以追溯到 18 世纪欧拉对 Königsberg 七桥问题的探讨。规则网络模型包括全耦合网络、最近邻耦合网络、星型网络（图 3-1）等。

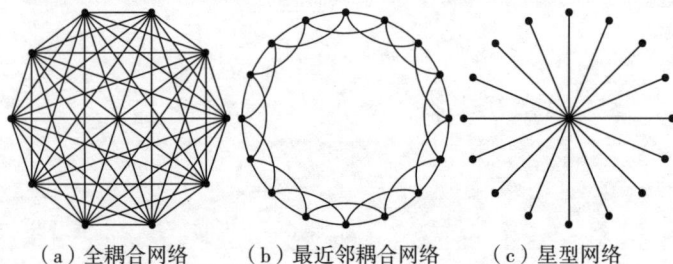

（a）全耦合网络　　（b）最近邻耦合网络　　（c）星型网络

图 3-1　几种规则网络[28]

全耦合网络（globally coupled network）是一类比较常见的网络，它的特点是任意两个节点之间都有边直接相连。因此，全耦合网络具有最小的平均路径长度 $L_{gc}=1$ 和最大的群集系数 $C_{gc}=1$，并且与网络的规模 $N$ 是无关的。具有 $N$ 个节点的全耦合网络的度分布函数 $P(k)$ 为

$$P(k)=\begin{cases}1, & k=N-1 \\ 0, & k\neq N-1\end{cases} \tag{3-1}$$

虽然全耦合网络反映了许多实际网络的结构特性，但是此网络模型假设的局限性也是很明显的，一个具有 $N$ 个节点的全耦合网络具有 $N(N-1)/2$ 条边，然而大多数真实的复杂系统中连接往往是稀疏的，它们的边数一般至多是 $O(N)$ 而不是 $O(N^2)$。

考虑到网络的稀疏性，最初的改进是借鉴固体物理中的晶格，发展出了一些超晶格结构。这种网络的特点是每个节点的连接度基本一致，网络的平均路径长度正比于网络的规模以及群集系数较大等。最具代表性的就是最近邻耦合网络（nearest-neighborhood coupled network），其中每个节点只与它周围的邻居节点相连。具有周期边界条件的最邻近耦合网络（也称一维环状网络）具有 $N$ 个节点，这些围成一个环，每一个节点都与它左右两边各 $K/2$ 个邻居节点相连（这里 $K\geqslant 2$ 且 $K$ 为偶数）。我们可以得到最近邻耦合网络的一些拓扑特征值。平均度 $\langle k\rangle=K$，度分布是一个 $\delta$ 函数：

$$P(k)=\delta(k-K)=\begin{cases}1, & k=K \\ 0, & k\neq K\end{cases} \tag{3-2}$$

因此，可知该网络的度分布是一个单点分布。对于较大的 $K$ 值，最近邻耦合网络的群集系数为

$$C=\frac{3(K-2)}{4(K-1)}\approx\frac{3}{4} \tag{3-3}$$

可见，当 $K\neq 2$ 时，该网络是高聚类的。然而，规则网络不是一个小世界网络，因为对于固定的 $K$，网络的平均路径长度为

$$L_{nc}=\frac{N(N+K-2)}{2K(N-1)} \tag{3-4}$$

当网络规模 $N\to\infty$ 时，$L_{nc}=\dfrac{N(N+K-2)}{2K(N-1)}\approx\dfrac{N}{2K}\to\infty$。

另一种常见的规则网络是星形网络（star coupled network），它有一个中

心节点，与其他的 $N-1$ 个节点相连接，而这 $N-1$ 个节点之间没有任何边相连。星形网络的平均路径长度为

$$L_{\text{star}} = 2 - \frac{2(N-1)}{N(N-1)} \qquad (3-5)$$

群集系数为

$$C_{\text{star}} = \frac{N-1}{N} \qquad (3-6)$$

当 $N \to \infty$，$L_{\text{star}} \to 2$，$C_{\text{star}} \to 1$。需要注意的是，如果假定只有一个邻居节点的节点，其群集系数为 0，那么星形网络的群集系数为 0。

由以上的分析可以看出，规则网络普遍具有较大的群集系数和较大的平均路径长度。

### 3.1.2　ER 随机网络模型

不同于规则网络，如果节点是按照一定的随机方式连接起来的，那么得到的网络就称为随机网络（random network）。在 20 世纪 50 年代，匈牙利数学家 Erdös 和 Rényi 最先提出了用随机图理论来分析网络的拓扑复杂性。他们提出的一种产生 $N$ 个节点和 $m$ 条边的随机网络模型，被称为 ER 随机网络模型 [19,21]。ER 随机网络模型的构造方法：从 $N$ 个孤立的节点开始，随机选择一对节点，如果它们不是近邻，则将它们连接，直到网络中边的数目达到 $m$。还有另外一个更容易进行分析处理的构造随机网络的方法：给定网络节点总数 $N$，以 $0 \leqslant p \leqslant 1$ 的概率对网络中任意两个节点进行连接，生成的网络群用 $G_{N,p}$ 表示。$G_{N,p}$ 表示所有具有 $m$ 条边的网络集合，其出现的概率为 $p^m(1-p)^{M-m}$，其中 $M = N(N-1)/2$ 是网络中可能的最大边数，$m = pN(N-1)/2$ 是边数的期望值。图 3-2 所示为不同概率时的 ER 随机网络。

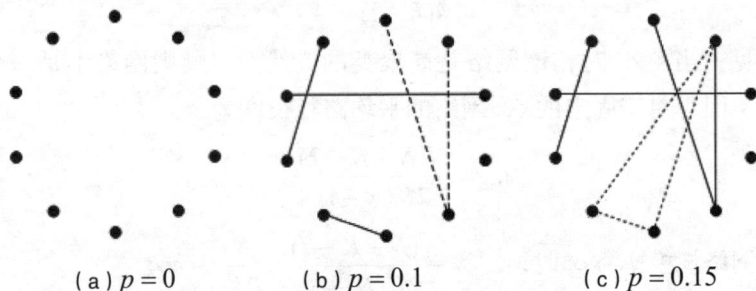

（a）$p = 0$　　　　（b）$p = 0.1$　　　　（c）$p = 0.15$

图 3-2　不同概率时的 ER 随机网络 [121]

已知节点的连接概率 $0 \leqslant p \leqslant 1$，在两种极端情况下：当 $p=0$ 时，网络节点间的连接数为 0，即网络中所有节点都是孤立的，节点间无边连接，因此平均度 $\langle k \rangle = 0$，平均路径长度 $L = \infty$，群集系数 $C = 0$；当 $p=1$ 时，连接数为 $N(N-1)/2$，即网络是全连通的，所有节点都是最近邻，到网络中任何节点的路径都是 1。

在 ER 随机网络中，边是随机产生的，每一个节点都以概率 $p$ 与其他 $N-1$ 个节点相连，所以网络平均度为

$$\langle k \rangle = p \frac{N(N-1)}{N} = p(N-1) \approx pN \qquad (3\text{-}7)$$

某一节点有 $k$ 条边的概率是 $p^k$，另外不出现 $N-1-k$ 条边的概率是 $(1-p)^{N-1-k}$，选择到 $k$ 条边的方法有 $C_{N-1}^k$ 种，所以度分布为[122]

$$P(k) = C_{N-1}^k p^k (1-p)^{N-1-k} \qquad (3\text{-}8)$$

当 $N \rightarrow \infty$ 时，上式可以表示为

$$P(k) = C_{N-1}^k p^k (1-p)^{N-1-k} = \frac{(N-1)!}{k!(N-1-k)!} p^k (1-p)^{N-1-k}$$

$$\approx \frac{N^k}{k!} p^k (1-p)^{N-1-k} = \frac{(Np)^k}{k!} (1-p)^{-\frac{1}{p}(-p)(N-1-k)}$$

$$\approx \frac{(Np)^k}{k!} e^{-pN} = \frac{\langle k \rangle^k}{k!} e^{-\langle k \rangle} \qquad (3\text{-}9)$$

近似为一个泊松（Poisson）分布，因此 ER 随机网络也称泊松随机网络[35]。

平均而言，在 ER 随机网络中与某个特定节点距离等于或非常接近网络平均路径长度 $L$ 的节点数目为 $\langle k \rangle^L$，因此包含整个网络所有节点的 $L$ 应满足 $\langle k \rangle^L \sim N$，所以网络平均路径长度为

$$L \sim \frac{\ln N}{\ln \langle k \rangle} \qquad (3\text{-}10)$$

这说明随着网络规模 $N$ 的增大，随机网络的平均路径长度增长得很缓慢。因此，随机网络具有较小的平均路径长度，这符合实际网络的小世界效应。

ER 随机图中任意两个节点不管是否有共同的邻居，它们之间有边相连的概率都是 $p$，因此网络的群集系数为

$$C = p = \frac{\langle k \rangle}{N} \qquad (3\text{-}11)$$

连接概率 $p$ 越大，$C$ 越大，当 $p=1$ 时，$C=1$，网络为全连通；网络规模 $N$ 越大，$C$ 反而越小，当 $N\to\infty$ 时，$C\sim N^{-1}\to 0$，即 $C\ll 1$。这说明大规模的稀疏 ER 随机网络模型没有聚集特性，这与现实网络的特征不符。

### 3.1.3　WS 小世界网络模型

如前所述，规则网络虽然具有高群集系数，但其平均路径长度也较大；随机网络虽然具有小的平均路径长度，但其群集系数很小。通过对许多现实网络的统计分析发现，现实世界的复杂网络具有小的平均路径长度和高的群集系数这两个明显的特性，即网络具有一定的规则性又具有一些随机性，这就是网络的小世界效应（small world effect）。所谓"小世界"，是指在一些真实网络中，尽管网络的规模非常大，但任何一个个体只需要经过有限的几步就可以到达网络中的任意其他个体。

小世界效应的概念最初来源于 1967 年美国哈佛大学的社会心理学家 Milgram 所做的一个著名实证研究实验——"六度分离"，它反映了这样的事实，那就是在看似极其复杂庞大的社会网络中普遍存在着较小的平均路径长度[40]。

1998 年，两位美国物理学家 Watts 和 Strogatz 在"六度分离"实验的基础上提出了一个具有代表性的小世界网络演化模型，试图从理论上说明实际复杂网络具有的这种特性，模型简称为 WS 小世界网络模型[14]。

WS 小世界网络模型的构造算法如下。

初始条件：先构造一个具有 $N$ 个节点的最近邻耦合网络，每个节点连接它左右相邻的各 $K/2$ 个节点，其中 $K$ 为偶数。为了保证网络是稀疏的，需要满足 $N\gg K\gg\ln N\gg 1$。

随机化重连：以概率 $p$ 随机重新连接网络中的每一条边，即固定边的一个端点不变，在网络中随机选择一个节点作为边的另一个端点。需要注意的是，不能产生环边和重边。通常把这些重连的边称为"长程连接"（或"非局部连接""捷径"等），长程连接非常显著地减小了网络的平均路径长度，而不明显影响网络的群集系数。此随机化重连过程将会产生 $pNK/2$ 条长程连接。

由 WS 小世界网络模型的构造算法可知，当 $p=0$ 时生成规则网络，当 $p=1$ 时则生成随机网络。小世界网络是介于规则网络和随机网络之间的一种网络。如图 3-3 所示，通过调节概率 $p$ 的值就可以得到从规则网络到随机网络的过渡。

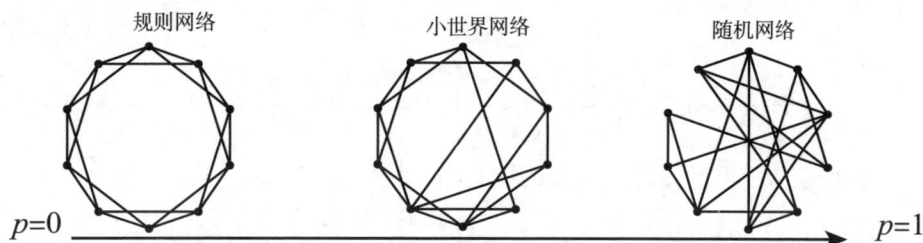

规则网络 小世界网络 随机网络

$p=0$ $p=1$

图 3-3 WS 小世界网络模型 [14]

由 WS 小世界模型生成的网络的群集系数$C$和平均路径长度$L$可以看作重连概率$p$的函数，分别记为$C(p)$和$L(p)$。如图 3-4 所示，随着重连概率$p$增加，群集系数$C(p)$和平均路径长度$L(p)$都是减小的。在某个$p$值范围内可以得到既有较短的平均路径长度，又有较高群集系数的小世界网络。从图 3-4 中可以观察得到，$p$值在 0.01 附近时网络具有小世界特征。

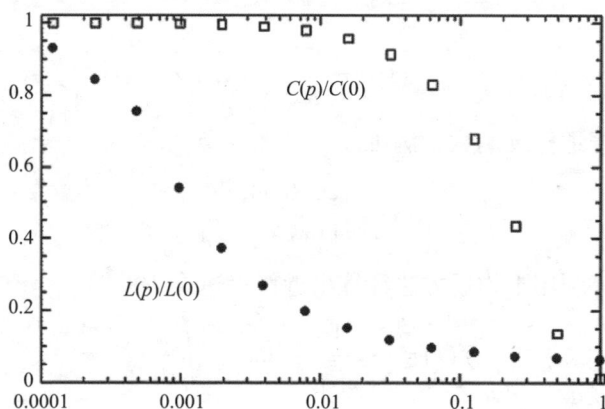

图 3-4 群集系数$C(p)$和平均路径长度$L(p)$随重连概率$p$变化情况 [14]

对于 WS 小世界网络，当$p=0$时其为规则网络，网络平均度$\langle k \rangle = K$，节点度分布是$\delta$函数。当$p=1$时，节点度分布是泊松分布，和 ER 随机网络的度分布一样。当$p \neq 0$时，按照 WS 模型的构造算法，每条边仅有一个端点被重新连接，被重新连接的边总共有$pNK/2$条。当重新连接结束时，每个节点至少还有$K/2$条边。所以，只要$K>2$，网络平均度依然为$\langle k \rangle = K$。

$0<p<1$时，节点$v_i$的度$k_i$可以表示为$k_i = K/2 + \theta_i$，$\theta_i$分为$\theta_i^1$和$\theta_i^2$两部分，其中以$1-p$的概率保持$\theta_i^1 \leqslant K/2$条边不发生变化，以$1/N$的概率重新连

接 $\theta_i^2 = \theta_i - \theta_i^1$ 条边到节点 $v_i$。所以

$$P_1(\theta_i^1) = C_{K/2}^{\theta_i^1}(1-p)^{\theta_i^1} p^{K/2-\theta_i^1} \tag{3-12}$$

$$P_2(\theta_i^2) = C_{pNK/2}^{\theta_i^2}\left(\frac{1}{N}\right)^{\theta_i^2}\left(1-\frac{1}{N}\right)^{pNK/2-\theta_i^2} \approx \frac{(pK/2)^{\theta_i^2}}{\theta_i^2!} e^{-pK/2} \tag{3-13}$$

因此，WS 小世界网络模型的度分布为[123]

$$\begin{cases} P(k) = \sum_{n=0}^{f(k,K)} C_{K/2}^n (1-p)^n p^{K/2-n} \frac{(pK/2)^{k-K/2-n}}{(k-K/2-n)!} e^{-pK/2}, k \geq K/2 \\ P(k) = 0, \quad k < K/2 \end{cases} \tag{3-14}$$

式中：$f(k,K) = \min(k-K/2, K/2)$。

目前，人们尚未得到 WS 小世界网络模型的平均路径长度的精确解析表达式。Watts 等注意到平均路径长度 $L$ 随着 $p$ 的增加而快速减小，并且开始下降的条件是 $p \geq 2/NK$，其意义是至少保证有一条长程连接出现[124]。Barthélemy 和 Amaral 利用重整化方法得到 WS 小世界网络模型的平均路径长度为[125]

$$L(p) = \frac{2N}{K} f(NKp/2) \tag{3-15}$$

式中：$f(x)$ 为普适标度函数，满足

$$f(x) = \begin{cases} \text{constant}, x \ll 1 \\ \ln x / x, x \gg 1 \end{cases} \tag{3-16}$$

Newman 等利用平均场方法计算出近似表达式[126]

$$f(x) = \frac{1}{2\sqrt{x^2+2x}} \tanh^{-1}\sqrt{\frac{x}{x+2}} \tag{3-17}$$

对于 $x \gg 1$ 和 $x \ll 1$，上式是精确的，但是对于 $x \approx 1$，上式是不精确的。这说明了小世界网络的平均路径长度 $L$ 完全依赖一个标量函数 $f(x)$，其中 $x = pKN^d$ 为变量，其物理含义为给定连接概率 $p$ 时网络增加的长程连接平均数量的 2 倍。而 $f(x)$ 为给定 $x$ 的情况下节点之间的距离缩小的比例。

Barrat 和 Weight 证明 WS 小世界网络模型的群集系数为[123]

$$C(p) = \frac{3(K-1)}{4(K-1)}(1-p)^3 \tag{3-18}$$

### 3.1.4　BA 无标度网络模型

如前所述，规则网络的所有节点具有相同的节点度，度分布服从 $\delta$ 分布；ER 随机网络和 WS 小世界网络中大多数节点的度集中在平均度 $\langle k \rangle$ 的附近，节点度分布近似泊松分布，是一种指数分布形式。这三类网络的节点度分布都具有均质性，因此通常被称为均匀网络或者指数网络（exponential network）。但是大量实证研究已经表明，包括因特网、万维网、生物网络、神经网络、电影演员合作网、人类性关系网络和语言网络在内的众多实际网络，只包含很少的高连接度的节点，大部分节点的连接度都很小，更精确的数值统计发现这些网络的节点度分布具有如下的幂率分布形式：

$$P(k) \propto k^{-\gamma} \tag{3-19}$$

式中：$\gamma$ 称为幂指数。幂函数在双对数坐标系下是一条下降的直线，$-\gamma$ 即为该直线的斜率。科学家研究发现，大量真实网络的幂指数满足 $2 < \gamma \leqslant 3$，并且当网络规模 $N \to \infty$ 时，平均度 $\langle k \rangle$ 收敛而二阶矩 $\langle k^2 \rangle \to \infty$。因此，可以推出度的方差也趋于无穷，这也说明在这类大规模网络中度的分布是很不均匀的，度较小的节点占了绝大多数，而度很高的节点只占了很小部分，因此这类网络称为非均匀网络或异质网络（heterogeneous network），那些连接度很高的节点称为网络的 hub 节点。由于具有幂率形式的度分布函数在不同的标度下具有相同的分布指数，即没有明显的特征长度，因此这类网络也是无标度网络。

1999 年，Barabási 和 Albert 提出了 BA 无标度网络演化模型，简称 BA 模型 [17]。BA 模型的提出为揭示幂率分布内在的形成机理提供了可能。BA 无标度网络模型具有两个最主要的生长机制：增长（growth）和择优连接（preferential attachment）。Barabási 等认为，真实的网络不是像 ER 随机网络和 WS 小世界网络描述的那样，网络中的节点数始终是固定不变的，网络不是一个封闭的静态的模型，而是一个不断演化、增长的动态过程，在这个过程中，不断有新的节点加入。这就是网络的增长机制。另外，ER 随机网络和 WS 小世界网络中节点之间的连接或重新连接是完全随机的，独立于节点的度。实际上，网络的连接并不是完全随机的，节点之间的连接是有偏好的，新加入的节点更倾向选择连接网络中度大的节点。这就是网络的择优连接机制，也就是所谓的富者更富（rich get richer）或马太效应（Matthew effect）。

基于增长和择优连接机制的 BA 无标度网络模型的算法如下。

增长：初始时刻，网络中有少数的 $m_0$ 个节点。此后，每一个时间步有一个新节点加入网络，并且和网络中已经存在的 $m$ 个不同的节点相连接，这里 $m \leqslant m_0$。

择优连接：新加入的节点与网络中已经存在的节点 $v_i$ 连接的概率正比于节点 $v_i$ 的度 $k_i$，即表示为

$$\Pi(k_i) = \frac{k_i}{\sum\limits_j k_j} \qquad (3\text{-}20)$$

式中：$\sum\limits_j k_j$ 是网络中所有节点度之和。

由上式可以看出，节点的度 $k_i$ 越大，那么这个节点被选中连接的概率就越大，从而这个节点的度增加的概率也越大。经过 $t$ 时间步之后，就生成了一个具有 $N = m_0 + t$ 个节点和 $mt$ 条边的网络，其平均度为 $\langle k \rangle = 2m$。数值仿真表明，BA 网络最终演化为无标度的状态，网络度分布服从幂指数为 $\gamma = 3$ 的幂率分布。幂指数 $\gamma$ 是模型中唯一的参数且不依赖 $m$。如图 3-5 所示：（a）$N = m_0 + t = 300\,000$，$m_0 = m = 1$（○），$m_0 = m = 3$（□）和 $m_0 = m = 7$（△），虚线斜率为 $\gamma = 2.9$，内插小图是 $P(k)/2m^2$ 随 $k$ 变化图，虚线斜率为 $\gamma = 3$；（b）$m_0 = m = 5$，$N = 100\,000$（○），$N = 150\,000$（□）和 $N = 200\,000$（△），内插小图是网络中的两个节点的度随时间变化图，虚线斜率为 $\gamma = 0.5$ [21]。

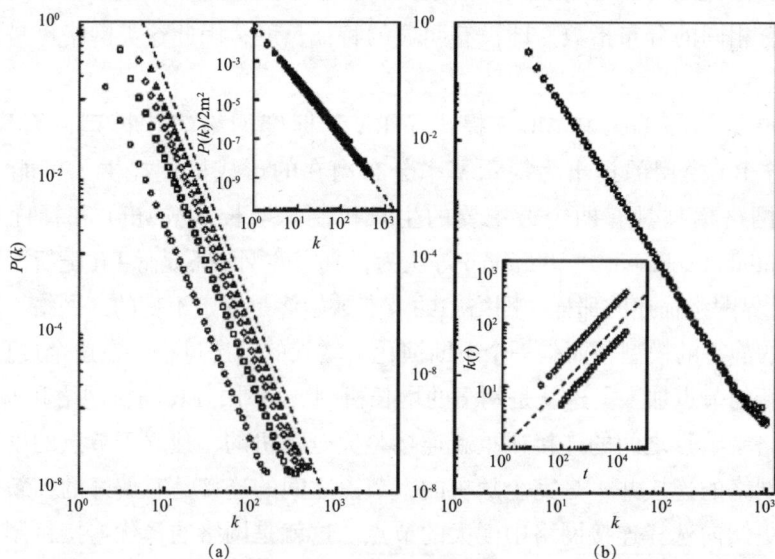

图 3-5　BA 无标度网络度分布

BA 无标度网络模型是一个动态增长和演化的网络，因此能从本质上更真实地刻画现实网络的主要特性。BA 无标度网络的平均路径长度 [127] 为

$$L \propto \frac{\ln N}{\ln \ln N} \qquad （3-21）$$

由上式可知，平均路径长度与网络的规模 N 的对数近似成比例，因此平均路径长度较小，具有小世界网络的某些特征。

由此，可以进一步得到 BA 无标度网络的直径为

$$D \propto \begin{cases} \ln \ln N, 2 < \gamma < 3 \\ \ln N / \ln \ln N, \gamma = 3 \\ \ln N, \gamma > 3 \end{cases} \qquad （3-22）$$

BA 无标度网络的群集系数 [128] 可以表示为

$$C = \frac{m^2 (m+1)^2}{4(m-1)} \left[ \ln\left(\frac{m+1}{m}\right) - \frac{1}{m+1} \right] \frac{\left[\ln(t)\right]^2}{t} \propto N^{-0.75} \qquad （3-23）$$

由上式可知，BA 无标度网络的群集系数随着网络规模 N 的增大而明显减小，当 $N \to \infty$ 时，有 $C \to 0$，所以该网络没有明显的聚类性，不符合小世界网络的特征。

对 BA 无标度网络度分布的计算，主要有以下几种方法：第一种是由 Barabási 和 Albert 提出的平均场方法 [129]，第二种是由 Krapivsky 等人提出的率方程方法 [62]，第三种是由 Dorogovtsev 等人提出的主方程方法 [130]，第四种是史定华等提出的马尔可夫链方法 [131]。

平均场理论（mean-field theory，也称均场理论），其思想来源是在物理场中选定一个粒子，其受到其他粒子的相互作用，把这些作用进行统计平均，就可以近似地得到这个粒子在平均场中受到的相互作用大小。平均场理论是一种连续近似的方法，在复杂网络研究中用以定性表达网络的拓扑性质。在求解度分布时，先将原本离散的节点度连续化，然后按概率把每一个演化时间步内网络整体的节点度变化平均到每个节点上，从而得到节点度的变化方程，最后求解方程即可得到度分布。

Barabási 和 Albert 先把平均场理论应用于 BA 无标度网络的度分析，计算了给定节点 $v_i$ 的度 $k_i$ 与时间 $t$ 的依赖关系。在 $t$ 时刻从网络中随机选择一个节点，该节点连接度为 $k$ 的概率为 $P(k,t)$，称为 $t$ 时刻网络的瞬态（transient state）度分布。如果 $\lim_{t \to \infty} P(k,t) = P(k)$ 存在，则称 $P(k)$ 为网络的稳态（steady state）度分布。$t$时刻节点$v_i$的度表示为$k_i(t)$，每一时间步有一个新的节点加入网络中并且与节点$v_i$相连接，那么节点$v_i$的度$k_i$增加 1 的概率为

$$m\Pi k_i(1-\Pi k_i)^{m-1} \approx m\Pi k_i \qquad (3-24)$$

假设$k_i$是一个连续实变量，那么$k_i$满足下面的动力学方程：

$$\frac{\partial k_i}{\partial t} = m\Pi k_i = m\frac{k_i}{\sum_{j=1}^{N-1} k_j} \qquad (3-25)$$

式中：分母是对网络中除了新加入的节点以外所有已经存在的节点的度求和。因为$t$时刻网络中共有$m(t-1)$条边，且每条边对应两个节点度，所以$\sum_j k_j = 2m(t-1) \approx 2mt$。代入上面的动力学方程，可得

$$\frac{\partial k_i}{\partial t} = \frac{k_i}{2t} \qquad (3-26)$$

初始条件为节点$v_i$在$t_i$时刻加入网络，其节点度$k_i(t_i)=m$，所以方程的解为

$$k_i(t) = m\left(\frac{t}{t_i}\right)^{\beta}, \quad \beta = \frac{1}{2} \qquad (3-27)$$

上式表明，所有节点的度都是遵循幂率演化方式，区别只是幂率的截取。下面计算网络中节点度的分布函数。根据上式的结果，可知在$t$时刻网络中任意一个节点的度$k_i(t)$小于$k$的概率为

$$P(k_i(t) < k) = P(t_i > \frac{m^{1/\beta}t}{k^{1/\beta}}) \qquad (3-28)$$

由于每一个时间步内只增加一个新的节点，所以关于时间$t_i$有一个固定的概率密度，即

$$P(t_i) = \frac{1}{m_0 + t} \qquad (3-29)$$

代入式（3-28），可得

$$P(k_i(t) < k) = P(t_i > \frac{m^{1/\beta}t}{k^{1/\beta}}) = 1 - P(t_i \leq \frac{m^{1/\beta}t}{k^{1/\beta}}) = 1 - \frac{m^{1/\beta}t}{k^{1/\beta}(m_0 + t)} \qquad (3-30)$$

这样，对节点度的分布函数求偏导，可得

$$P(k) = \frac{\partial P(k_i(t) < k)}{\partial k} = \frac{1}{\beta}\frac{m^{1/\beta}t}{m_0 + t}\frac{1}{k^{1/\beta+1}} \qquad (3-31)$$

当 $t \to \infty$ 时，网络的稳态度分布为

$$P(k) \propto 2m^{\frac{1}{\beta}} k^{-\gamma}, \quad \gamma = \frac{1}{\beta} + 1 = 3 \qquad (3\text{-}32)$$

式中：$\gamma$ 为度分布指数或幂率指数，是独立于 $m$ 的。由上述推导可知，BA 模型的网络度分布服从幂指数为 $\gamma = 3$ 的幂率分布。

不同于平均场方法考虑随机选择的节点的度，Krapivsky 等提出的率方程方法重点考虑的是网络中度为 $k$ 的节点的频数。设 $N_k(t)$ 为 $t$ 时刻网络中度为 $k$ 的节点总数，那么当一个新的节点加入网络中时，$N_k(t)$ 的变化率方程为

$$\frac{\mathrm{d}N_k(t)}{\mathrm{d}t} = m(k-1)\frac{N_{k-1}(t)}{\sum\limits_k kN_k(t)} - mk\frac{N_k(t)}{\sum\limits_k kN_k(t)} + \delta_{k,m} \qquad (3\text{-}33)$$

式中：第一项表示原来度数为 $k-1$ 的节点通过和新节点连接度数达到 $k$，增加了网络中度数为 $k$ 的节点的个数，所以需要加入 $N_k(t)$ 中。第二项表示原来度数为 $k$ 的节点通过和新节点连接后度数不再为 $k$，减少了网络中度数为 $k$ 的节点的个数，所以需要从 $N_k(t)$ 中减去。第三项是 $\delta$ 函数，当 $k=m$ 时，$\delta_{k,m}=1$；当 $k \neq m$ 时，$\delta_{k,m}=0$。

对于 BA 无标度网络模型，有 $\sum\limits_k kN_k(t) \approx 2mt$，即网络中所有节点的度数之和。当网络规模 $N \to \infty$ 时，按照大数定律 $\lim\limits_{t \to \infty} E[N_k(t)/t] = P(k)$，求解此率方程，可得关于 $P(k)$ 的差分方程：

$$(k+2)P(k) = (k-1)P(k-1) + 2\delta_{k,m} \qquad (3\text{-}34)$$

因为网络中节点的最小度数为 $m$，所以当 $k<m$ 时，$P(k)=0$。当 $k=m$ 时，$P(m-1)=0$ 并且 $\delta_{k,m}=1$，根据式（3-33）可得 $P(m)(m+2)=2$，即 $P(m)=2/(m+2)$。当 $k>m$ 时，$\delta_{k,m}=0$，此时

$$P(k) = \frac{k-1}{k+2}P(k-1) \qquad (3\text{-}35)$$

再递推求解可得

$$P(k) = \frac{2m(m+1)}{k(k+1)(k+2)} \approx 2m^2 k^{-3} \qquad (3\text{-}36)$$

主方程方法（master equation approach）是通过网络的演化规则，建立节点度关于演化时间的递推方程（微分差分方程），然后求解方程的稳态解，从而得到网络的度分布。

Dorogovtsev 等人于 2000 年引入主方程方法用于解决 BA 无标度网络度分布的计算问题。令 $P(k,i,t)$ 为节点 $v_i$ 在 $t$ 时刻度数为 $k$ 的概率，即 $P(k,i,t) = P(k_i(t) = k)$。在 BA 无标度网络模型中，当一个新节点加入网络中时，节点 $v_i$ 的连接度或者以概率 $m\Pi k = k/2t$ 增加 1，或者保持不变。因此，关于 $P(k,i,t)$ 的主方程为

$$P(k,i,t+1) = m\frac{k-1}{\sum_j k_j}P(k-1,i,t) + (1-m\frac{k}{\sum_j k_j})P(k,i,t)$$

$$= \frac{k-1}{2t}P(k-1,i,t) + (1-m\frac{k}{2t})P(k,i,t) \qquad (3-37)$$

方程的初始条件为 $P(k,i=0,t=1) = \delta_{k,m}$，边界条件为 $P(k,i,t) = \delta_{k,m}$。当 $t \to \infty$ 时，如果网络的稳态度分布存在，则可表示为

$$P(k) = \lim_{t \to \infty} \frac{\sum_{i=1}^{t} P(k,i,t)}{t} \qquad (3-38)$$

根据式（3-38）可以将式（3-37）改写为

$$\frac{t+1}{t+1}\sum_{i=1}^{t+1} P(k,i,t+1) = \frac{k-1}{2t}\sum_{i=1}^{t} P(k-1,i,t) + (\frac{t}{t} - \frac{k}{2t})\sum_{i=1}^{t} P(k,i,t) \qquad (3-39)$$

可得

$$(t+1)P(k,t+1) = tP(k,t) + \frac{1}{2}[(k-1)P(k-1,t) - kP(k,t)] + \delta_{k,m} \qquad (3-40)$$

在稳态的情况下，有 $P(k,t+1) = P(k,t)$。上式两端对 $t$ 取极限，对于 BA 模型，便有

$$2P(k) = (k-1)P(k-1) - kP(k) + 2\delta_{k,m} \qquad (3-41)$$

利用递推或者 Z 变换即可得到

$$P(k) = \frac{2m(m+1)}{k(k+1)(k+2)} \approx 2m^2 k^{-3} \qquad (3-42)$$

由此得到的度分布和率方程方法得到的完全相同，因此两种方法在本质上是等价的。

史定华等将马尔可夫链（简称"马氏链"）的思想引入网络的演化过程中，运用数值计算方法求解了 BA 无标度网络的度分布。在马氏链方法中，将节点 $v_i$ 在 $t$ 时刻的度 $k_i(t)$ 作为随机变量，它只与 $t-1$ 时刻的度 $k_i(t-1)$ 有关，

而与其他时刻无关，由此 $k_i(t)$ 就构成一个非齐次的马氏链。史定华等将 BA 模型的转移概率表示为

$$p\{k_i(t+1)=l \mid k_i(t)=k\}=\begin{cases} 1-m\dfrac{k}{\sum\limits_j k_j}, l=k \\[2mm] m\dfrac{k}{\sum\limits_j k_j}, l=k+1 \\[2mm] 0,\text{其他} \end{cases} \qquad (3-43)$$

式中：$k=1,2,\cdots,m+t-i$，并且 $i=1,2,\cdots$。

稳态度分布的存在性可由马氏链首达概率和度数概率之间的关系严格证明。同时，可逐步求得度分布的精确表达式，其主要求解步骤如下。

先考虑马氏链的首达概率：

$$f(k,i,t)=P\{k_i(t)=k,k_i(l)\neq k,l=1,2,\cdots,t-1\} \qquad (3-44)$$

建立首达概率和度数概率的关系表达式：

$$f(k,i,s)=P(k-1,i,s-1)m\frac{k-1}{\sum\limits_j k_j} \qquad (3-45)$$

$$P(k,i,t)=\sum_{s=i+k-m}^{t} f(k,i,s)\times\prod_{j=s}^{t-1}\left[1-m\frac{k}{\sum\limits_j k_j}\right] \qquad (3-46)$$

然后，利用 $P(k,t)=\sum\limits_{i=1}^{t} P(k,i,t)\Big/t$ 和 Stolz 定理证明网络稳态度分布的存在性。

最后，通过求解 $k=m$ 以及 $k>m$ 时网络的度分布，得到稳态度分布的表达式：

$$P(k)=\frac{2m(m+1)}{k(k+1)(k+2)}\approx 2m^2k^{-3} \qquad (3-47)$$

## 3.2　其他重要的复杂网络演化模型

除了以上介绍的四种经典的复杂网络演化模型外，科研工作者为了更加细致和深入地探索真实世界复杂网络的内在属性特征，从众多方面入手，使用不同的理论思想和实现方法，构造出了许多复杂网络演化模型。这些复杂网络模型采用不同的生长机制和连接策略，生成的复杂网络在节点度分布、

网络平均路径长度、群集系数、社区结构等拓扑属性方面都表现出一定的共性和差异，为揭示复杂网络的深层次特性提供了帮助。下面将介绍其中一些有重要研究价值的模型。

### 3.2.1 NW 小世界网络模型

WS 小世界网络模型是研究网络小世界效应而建立起来的第一个重要模型，但是由于 WS 小世界网络模型中长程连接是通过断开原来的边重新连接到网络中其他节点上所产生的，因此有可能因为重新连边而产生孤立节点，造成整个网络不连通的情况。为克服 WS 小世界网络模型中存在的这个缺点，Newman 和 Watts 对小世界网络的生成模型进行了修改，提出了 NW 小世界网络模型[124]。NW 小世界网络模型是通过用"随机化加边"取代 WS 小世界网络模型中的"随机化重连"而得到的，其构造算法如下。

初始条件：与 WS 小世界网络模型的初始化条件相同。

随机化加边：以概率 $p$ 在网络中随机选取的一对节点间加一条边，需要注意的是，同样不能产生环边和重边。同 WS 小世界网络模型类似：当 $p=0$ 时，NW 小世界网络模型生成规则网络；而当 $p=1$ 时，则生成全耦合网络。实证研究表明，在 $p$ 值较小时，NW 模型具有和 WS 模型类似的特征属性（图 3-6）。

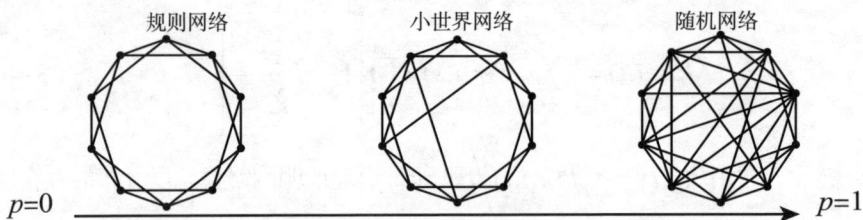

图 3-6 NW 小世界网络模型[124]

对于 NW 小世界网络模型，因为无边的重新连接，所以每个节点的度至少为 $K$，再乘上一个服从二项分布的长程连接构成网络的节点度分布：

$$\begin{cases} P(k)=C_N^{k-K}\left(\dfrac{Kp}{N}\right)^{k-K}\left(1-\dfrac{Kp}{N}\right)^{N-k+K}, k\geqslant K/2 \\ P(k)=0, k<K/2 \end{cases} \quad (3\text{-}48)$$

NW 小世界网络模型的平均路径长度的求解也比较困难，同 WS 小世界网络模型一样，到目前为止还没有得到精确的解析表达式，只有利用重整化方法得出与 WS 模型中介绍的平均路径长度一样的近似表达式。

Newman[22] 计算出了 NW 小世界网络模型的群集系数为

$$C(p) = \frac{3K(K-2)}{2K(2K-2) + 8pK^2 + 4p^2K^2} = \frac{3(K-2)}{4(K-1) + 4pK(p+2)} \quad (3\text{-}49)$$

### 3.2.2 AB 网络模型

BA 无标度网络模型是第一个能够反映网络动态增长和具有无标度特性的最简单模型，它具有两个简单明了的生成机制——增长和择优连接。然而，与真实的网络相比，BA 无标度网络模型存在一些明显的限制与不足。首先，BA 模型假设网络的增长是平稳的、线性的，所以生成网络的度分布指数 $\gamma$ 为常数 3，这与大多数实际网络的度指数在 [2，3] 之间存在较大的差异。此外，真实的复杂网络常常具有指数截断（exponential cutoff）和小 $k$ 值的非幂率现象等一些非幂率的特性。还有，BA 模型所生成的网络在大规模网络尺度下其群集系数是趋于 0 的，而真实网络普遍具有较大的群集系数。于是，为了与实际的网络更加吻合，研究人员分别从增长和择优连接两方面进行改进，在 BA 模型的基础上实现了各种扩展模型。下面重点介绍几种典型的扩展模型。

Albert 和 Barabási 提出了一个组合演化模型（简称"AB 模型"）[132]。AB 模型除了改变择优连接的概率公式外，还采用原有节点间连边的重新连接、增加和删除原有连边以及组合这些机制，有效地推广了原始的 BA 模型。

AB 模型的算法如下。

初始条件：初始时，网络中有 $m_0$ 个节点。

择优增加连接：在原有连边的基础上，以概率 $p$ 增加 $m(m \leqslant m_0)$ 条新连边。随机地删除一个现有节点，再以择优概率

$$\Pi(k_i) = \frac{k_i + 1}{\sum_j (k_j + 1)} \quad (3\text{-}50)$$

选择另外一个节点，在这两个节点之间产生一条新连边，重复 $m$ 次。

择优重新连接：在原有连边的基础上，以概率 $q$ 重连 $m(m \leqslant m_0)$ 条旧连边。随机地选择一个现有节点 $v_i$ 和一条连边 $e_{ij}$，然后以择优概率（3-20）在原有的节点中选择一个节点 $v_k$，以节点 $v_i$ 和 $v_k$ 之间的新连边 $e_{ik}$ 代替原有边 $e_{ij}$，重复 $m$ 次。

择优增加节点和连接：以概率 $r = 1 - p - q$ 增加一个新节点和 $m(m \leqslant m_0)$ 条

新连边。新节点和在原有节点中按照择优概率（3–50）选择的节点产生一条新连边，重复$m$次。

Albert 和 Barabási 通过数学推导发现，当参数$p$和$q$满足$q < \min\left\{1-p, \dfrac{m+1-p}{2m+1}\right\}$时，AB 模型生成的是无标度网络。

### 3.2.3　适应度模型

由 BA 无标度网络模型的生成算法可知，网络是通过每一时间步线性择优连接而增长的，这就意味着网络中的老节点因具有更大的度值而总是以更大的概率获得新的连边。然而，在许多真实网络中，一些相对较新的节点由于自身的内在属性等因素会更容易获得新的连边。而且在很多复杂网络中，节点自身所固有的适应能力是除了节点度之外节点获得新连边的另一重要依据。如果某一节点的度较小但适应能力较强，那么在很多情况下它可能会比那些度比它高但适应能力比它低的节点获得更多的连边，这样的直接结果就是此节点反而变成了度更大的节点，这种现象就是所谓的"适者变富"。为了吻合这种情况，Bianconi 和 Barabási 提出了一个适应度模型[133]。该模型最突出的特点是为模型的择优连接机制加入了一个适应度函数。

适应度模型的算法如下。

增长：初始时刻，网络中具有少数的$m_0$个节点。此后，每一个时间步有一个新节点加入网络，并且和网络中已经存在的$m$个不同的节点相连接，这里$m \leqslant m_0$。

择优连接：新加入节点以下面的概率连接网络中已经存在的节点$v_i$。

$$\Pi(k_i) = \frac{\eta_i k_i}{\sum\limits_{j} \eta_j k_j} \tag{3–51}$$

式中：$\eta_i$是节点$v_i$的适应度，它的值服从某个特定的分布函数$\rho(\eta)$。对于一些特殊的情况，如当$\rho(\eta)$为一个常数，且$\eta$的值是在（0，1）之间时，可以得到网络的度分布为$P(k) \sim k^{-2.26}/\ln k$；当$\rho(\eta)$为均匀分布时，得到网络的度分布为$P(k) \sim k^{-2.255}/\ln k$。

其实，根据适应度分布函数的不同，适应度模型可能处于三种不同的状态：若节点的适应度值相等，即此时网络中的每个节点拥有相同的适应度值，那么较早加入的节点就能够获得较多的新连边，此时网络就将处于无标度状态。但是，随着网络规模不断增大，度最高节点的边数与网络总边数之比趋于 0，因此度值高的节点并不总是占据连接优势。若节点的适应度是均匀分布，那么网络处于适应度占优状态，即适应度较高的节点比较早加入的节点更易获得新连边。但是，随着节点数的增大，高适应度节点的优势也会逐渐消失。若 $\rho(\eta)=(1-\eta)^{\alpha}$，且 $\alpha>1$ 时，网络将会处于一种在物理学上所称的 Bose–Einstein 凝聚状态[134]。随着网络规模不断增大，连接概率 $\Pi(k_i)$ 最高的节点将获得有限比例的边数，且不会随网络规模的增大而减小。

## 3.2.4　混合演化模型

考虑到在现实网络中，加入网络的新节点选择原有旧节点进行连接时，既有择优选择，又有随机因素，刘宗华等提出了同时具有择优和随机的混合演化网络模型[135]。该模型的算法描述如下。

初始条件：在初始时刻，网络中有 $m_0$ 个节点，所有节点的度数之和为 $N_0$，并且不存在孤立节点。

增长：每一个时间步 $t$，有一个新节点加入网络，并且和网络中已经存在的 $m$ 个不同的节点相连接，并且不允许自连和重连，其中 $m \leqslant m_0$。$t$ 时间步之后，模型发展为具有 $t+m_0$ 个节点和 $mt$ 条边的网络。

择优连接：新加入节点连接网络中已经存在的节点 $v_i$ 的概率为

$$\Pi(k_i)=\frac{(1-p)k_i+p}{\sum_j[(1-p)k_j+p]}\qquad(3\text{-}52)$$

式中：$0 \leqslant p \leqslant 1$ 是描述择优概率中确定性和随机性的相对权重的参数，表示有 $p$ 的概率是随机连接，有 $1-p$ 的概率进行的是按照节点度的择优连接。

显然，当 $p=0$ 时，此混合模型就退化为 BA 模型；当 $p=1$ 时，该模型为完全随机网络，度分布满足 $P(k)\sim \mathrm{e}^{-k/m}$；当 $0<p<1$ 时，网络的度分布是介于幂率分布和指数分布之间的，刘宗华等运用平均场方法计算得到

$$P(k)\sim\left(\frac{k/m+b}{1+b}\right)^{-\gamma}\qquad(3\text{-}53)$$

式中：幂指数

$$\gamma=3+b,\ b=\frac{p}{m(1-p)}\qquad(3\text{-}54)$$

### 3.2.5 加速增长网络模型

在 BA 无标度网络模型中，新增节点和连接数是一个固定的常数，即每一个时间步加入一个新节点和 $m$ 条新连边，网络规模是随时间线性增长的。但是大量的研究表明，这一假设与真实网络的生长演化情况明显不相符，真实网络的节点数或连边是随时间加速增长的。针对这些，研究人员也分别从节点数加速增长和连边数加速增长两个方面构建了多种加速增长网络生长模型。

李季和汪秉宏等受某些实际网络节点数按几何级数增长现象的启发，提出了一种基于 BA 模型的节点数加速增长的网络模型[136]。此模型的生成算法描述如下。

初始条件：初始时刻 $t = 0$，网络中有 $m_0$ 个节点，这 $m_0$ 个节点完全连接。

增长：每一个时间步有 $r \times n(t)$ 个新节点加入网络，并且每一个新节点都独立地和网络中已经存在的 $m$ 个不同的节点相连接，新节点间互不相连。其中，$n(t)$ 为 $t$ 时刻网络的节点数，$r$ 为一正的比例系数，称为增长率，同时 $m \leqslant m_0$。

择优连接：新加入节点以下面的概率连接网络中已经存在的节点 $v_i$：

$$\Pi(k_i) = \frac{k_i}{\sum_j k_j} \tag{3-55}$$

通过研究不同网络规模下对增长率 $r$ 的不同取值对所生成网络的影响，李季和汪秉宏等发现增长率 $r$ 在相当宽的取值范围内 $(0 < r < 1)$，网络的度分布都呈幂率形式。进一步通过求具有累积分布性质的平均度的分布，得到了节点数加速增长的网络度分布幂率指数 $\gamma$ 与增长率 $r$ 之间的关系为

$$\gamma = 1 + \frac{\ln(1+r)}{\ln\left(1 + \dfrac{r}{2}\right)} \tag{3-56}$$

当 $r \ll 1$ 时，$\gamma \approx 3$；当 $r \gg 1$ 时，$\gamma \approx 2$；一般情况下，$2 < \gamma < 3$。

在节点数加速增长的情况下，网络规模 $N$ 与演化时间 $T$ 存在关系 $N = m_0(1+r)^T$。因此，当 $N \to \infty$ 时，$T = \ln N / \ln(1+r)$，则有平均路径长度 $L < 2T \propto \ln N$。因此，可以认为在节点数加速增长的情况下，网络仍然是具有小世界特性的。在 $0 < r < 0.1$ 的范围内，增长率的改变对平均路径长度的影响并不显著；当 $r > 0.1$ 时，随着 $r$ 的增大，网络的平均路径长度明显下降。

在 $r < 1$ 时，群集系数 $C$ 随 $r$ 的变化不大，$C$ 值一直较小，而且网络规模越大，$C$ 值越小。这一点与 BA 模型一致。在 $r > 1$ 时，随着的 $r$ 增大，$C$ 值也明显增大。

对节点数加速增长网络模型的研究分析可知，在增长率 $r \ll 1$ 时，加速增长因素不论是对网络的度分布、平均路径长度还是群集系数的影响都不明显。但当 $r$ 接近或大于 0.1 时，加速增长因素不论是对度分布、平均路径长度还是对网络群集系数的影响都是显著的。

Dorogovtsev 和 Mendes 等提出了一种连接边数幂率加速增长的网络模型（power-law growth）[137]。在此模型中新节点与网络中的老节点的连边数不是如同 BA 模型中的固定值 $m$，而是一个随着时间步 $t$ 增长而变化的函数。边数加速增长模型的生成算法描述如下。

初始条件：在初始时刻，网络中有 $m_0$ 个节点。

增长：每一个时间步 $t$ 有一个新节点加入网络，并且和网络中已经存在的 $m(t) = mt^\theta$ 个不同的节点相连接，其中 $0 \leq \theta < 1$，$m(t) \leq m_0$。

择优连接：新加入节点以下面的概率连接网络中已经存在的节点 $v_i$：

$$\Pi(k_i) = \frac{k_i}{\sum_j k_j} \tag{3-57}$$

通过调整 $\theta$ 的大小可以对网络加速增长过程进行控制。理论分析与实验表明，加速增长过程并没有改变网络的无标度特征，网络度分布依然表示为

$$P(k) \sim k^{-\gamma} \tag{3-58}$$

式中：幂率分布指数为

$$\gamma = \frac{3 - \theta}{1 - \theta} \tag{3-59}$$

## 3.2.6　局域世界演化模型

BA 无标度网络模型中的择优连接机制是全局择优，即节点间的择优连接是在整个网络中的全局倾向性的选择概率。但是，在一些实际复杂网络中，由于获得整个网络的属性情况是很困难的或是根本无法办到的，所以节点的择优连接往往并不是全局的择优，而表现为局域内的择优。基于以上考虑，李翔等人提出了一个简单的局域世界演化网络模型 [51]。此模型的生成算法描述如下。

初始条件：初始时刻，网络中有$m_0$个节点和$e_0$条边。

增长：每一个时间步$t$，有一个新节点加入网络，并且和网络中已经存在的$m$个不同的节点相连接，其中$m \leqslant m_0$。

局域世界择优连接：每一个时间步从网络中随机地选择$M$个节点作为该时间步新加入节点的"局域世界"，新节点所选择的$m$个不同的节点从该"局域世界"中选取。新节点按照如下的择优概率连接网络中已经存在的节点$v_i$：

$$\Pi_{\text{local}}(k_i) = \Pi^{'}(v_i \in \text{LW}) \frac{k_i}{\sum\limits_{j \in local} k_j} = \frac{M}{m_0 + t} \frac{k_i}{\sum\limits_{j \in local} k_j} \tag{3-60}$$

式中：LW表示由新选择的$M$个节点组成的局域世界，$m_0 + t$表示随时间演化的网络的规模，即

$$\Pi^{'}(v_i \in \text{LW}) = \frac{M}{m_0 + t} \tag{3-61}$$

上式表明选取的局域世界的大小与节点的连接概率是成正比的。可以看出，在$t$时刻，$m \leqslant M \leqslant m_0 + t$，因此考虑局域世界演化模型的两种特殊情况。

（1）$M = m$。此时新加入的节点将和局域世界中的所有节点进行连接，而局域世界的$M$个节点是从整个网络中随机选取产生的，所以这时也就相当于从原来整个网络随机选取$m$个节点进行连接，而择优连接机制已经不发挥作用了。这种情况就等于BA模型中只有增长而没有择优连接。此时，模型求解的过程与BA模型类似，运用平均场的方法进行数学推导，当$t \to \infty$时，可得网络的度分布服从指数分布：

$$P(k) = \frac{e}{m} \exp(-\frac{k}{m}) = \frac{e}{m} \mathrm{e}^{-k/m} \tag{3-62}$$

该度分布的图形在双对数坐标下呈一条弯曲的弧。

（2）$M = m_0 + t$。此时每个节点的局域世界都扩展成了整个网络，局域效用已经不复存在了。该局域世界演化模型则完全退化为了BA无标度网络模型。由此可知，此时的局域世界演化模型最终将会生成幂率指数为$\gamma = 3$的无标度网络。

由以上分析可知，局域量$M$是局域世界演化模型中非常重要的参数，它将直接影响模型生成网络的最终结果。当$M$分别取$m$和$m_0 + t$这两个特殊值时，局域世界演化模型最终将分别生成幂指数为$\gamma = k/m$的指数网络和幂指数为$\gamma = 3$的无标度网络；当$M$取中间值$m < M < m_0 + t$时，模型生成的网络将

介于指数网络和无标度网络之间。

### 3.2.7　HK 网络模型

研究发现，在许多的实际网络中普遍存在一种抱团连接的现象，这一特性可以从网络的群集系数上明显表现出来。通过前面的介绍，我们知道 WS 小世界网络模型具有现实网络的高聚类特征，但是其网络度分布近似泊松分布；BA 无标度网络模型的度分布服从幂率分布，这与现实网络是一致的，但其聚类效应不明显，这与社会网络和合作网络等许多现实网络存在较大差异。为了更加符合真实、复杂的网络，弥补 WS 小世界网络模型在度分布和 BA 无标度网络模型在群集系数的缺陷，Holme 和 Kim 提出了一种可调群集系数的网络演化模型（简称"HK 模型"）[138]。

HK 模型认为，在 BA 模型中对新加入节点的连边全部采用全局择优连接的原则是与现实不符的，因此在保留了 BA 无标度模型的全局择优连接（preferential attachment）机制的基础上，又提出了一种构造局部三角结构（triad formation，TF）的改进步骤。HK 模型的生成算法描述如下。

初始条件：初始时刻，网络是由 $m_0$ 个节点和 $e_0$ 条边构成的全连通网络。

增长：每一个时间步 $t$，有一个新节点加入网络，并且和网络中已经存在的 $m$ 个不同的节点相连接，其中 $m \leqslant m_0$。

择优连接：每一个时间步新加入节点的一条边按照如下的择优概率全局择优连接网络中已经存在的节点 $v_i$：

$$\Pi(k_i) = \frac{k_i}{\sum\limits_{j} k_j}\qquad(3\text{-}63)$$

三角连接：新加入节点的其余 $m-1$ 条边按照下面的方式连接网络中的节点。

（1）以概率 $p$ 随机连接到节点 $v_i$ 的邻居上，此过程构造了大量的三角形式的结构。

（2）以概率 $1-p$ 按照择优连接规则在网络中进行连接。

重复以上的过程，直到网络的规模达到 $N$，并且在整个连接过程中避免重连边和自连边的产生。

由 HK 模型的生成算法可知，每一时间步新加入节点进行三角连接的平均边数为 $m_t = (m-1)p$，显然，当 $m_t = 0$ 时，HK 模型就退化为 BA 无标度网络模型。假设每一次择优连接都跟随着一个三角连接，则运用平均场理论，在择优连接步骤节点$v_i$的连接度$k_i$的变化率为

$$\frac{\partial k_i}{\partial t} = A \frac{k_i}{\sum_j k_j}$$ （3-64）

式中：$A$表示一条边的归一化参数。

在三角连接步骤，节点$v_i$的连接度$k_i$的变化率是随机连接到前面由全局择优连接而选择的节点$v_i$的邻居节点而产生的，即

$$\frac{\partial k_i}{\partial t} = \frac{\sum_{j \in \Gamma_i} k_j (1/k_j)}{\sum_j k_j} = \frac{k_i}{\sum_j k_j}$$ （3-65）

式中：$\Gamma_i$表示节点$v_i$的邻域。

由上面两式可以得到每一时间步节点$v_i$的连接度$k_i$总的变化率为$m_t$个三角连接和$m - m_t$个择优连接之和，即

$$\frac{\partial k_i}{\partial t} = m_t \frac{k_i}{\sum_j k_j} + (m - m_t) \frac{k_i}{\sum_j k_j} = \frac{k_i}{2t}$$ （3-66）

这显然与 BA 无标度模型的结果是一样的，因此$k_i \propto t^{1/2}$。故而网络的度分布依然为幂率形式$P(k) \sim 2m^2 k^{-3}$。

以上讨论的是每一次三角连接都跟随在一次择优连接之后的情况，如果三角连接是跟随在另一次三角连接之后，那么式（3-65）中的因子$k_j (1/k_j)$就要替换为$k_j (1/(k_j - 1))$。因为当$k_j$很大时，$k_j (1/(k_j - 1))$与$k_j (1/k_j)$的差别其实很小，所以在此情况下，网络的度分布也基本服从幂率分布的形式。

同时，可以看出网络的群集系数$C$取决于$p$值的大小。当$p = 0$时，生成的网络退化为群集系数$C$几乎为 0 的 BA 模型；随着参数$p$值不断增大，网络的群集系数$C$也将单调增大。相较 BA 模型的网络结构，$p = 1$时的高群集的网络中拥有较多的三角形式的局部结构。实际上，高聚类网络的任何度数的节点的平均群集系数都比 BA 网络模型上的高，并且随着节点度数的增大，群集系数明显下降。BA 网络中不同度数的节点的聚类程度之间的差异则相对较小。

### 3.2.8 耦合网络生长模型

现在对复杂网络以及模型的研究大多集中于单一的系统，但是在实际当中通常存在多系统并具有相互耦合的情形。一些实际网络呈现二分或者多分结构。比如，演员网络中就存在两种类型的节点——演员和电影，并且总是不同类型的节点之间进行连接。Newman 等注意到演员网络的两个子集都是随时间生长的[139]。2001 年，Zheng 和 Ergun 提出了一个耦合网络生长模型[140]。该模型在弱耦合情形下很好地描述了文献索引（scientific citation）网络[10]；在强耦合情形下，给出了人类性接触网络（the web of human sexual contact）的有关结果[141]。文献 [142] 在以上研究的基础上提出一种推广的耦合网络模型，此模型考虑了耦合网络中可能的三种主要连接：老节点之间的再生连接、新节点与老节点之间的直接连接以及两个网络节点之间的交叉连接。

为了简化并且不失一般性，考虑由两个网络 $A$ 和 $B$ 构成的耦合网络。其网络模型的生成算法描述如下。

初始条件：初始时刻 $t=0$，网络 $A$ 和 $B$ 各有 $m_0$ 个节点，在同一网络中的节点可以连接，也可以不连接，分别处于不同网络的节点间没有连接。

增长：每一时间步 $t$ 产生两个新节点，一个加入网络 $A$，另一个加入网络 $B$。

择优连接：每一个时间步 $t$，网络 $A$ 和 $B$ 中分别产生 $m_A$ 和 $m_B$ 条新连边，为避免在初始演化时发生多重连接，可设 $m_A \leqslant m_0$ 和 $m_B \leqslant m_0$。在网络 $A$ 和 $B$ 出现的新连边中分别有 $r_A m_A$ 和 $r_B m_B$ 条连边是由网络中的老节点之间产生的，即再生连接；分别有 $p_A m_A$ 和 $p_B m_B$ 条连边是由进入网络的新节点和网络中原有的老节点之间产生的，即直接连接；分别有 $q_A m_A$ 和 $q_B m_B$ 条连边是由进入其中一个网络的新节点和另一个网络中原有的老节点之间产生的，即交叉连接。这三种连接满足 $r_A m_A + p_A m_A + q_A m_A = m_A$，$r_B m_B + p_B m_B + q_B m_B = m_B$ 或者 $r_A + p_A + q_A = 1$，$r_B + p_B + q_B = 1$。所有新连边都以下面概率进行连接：

$$\Pi(k_i) = \frac{k_i}{\sum_j k_j} \qquad (3\text{--}67)$$

因为网络 $A$ 和网络 $B$ 是等同的，所以对网络 $A$ 的分析同样适用于网络 $B$。

对于耦合网络的再生连接、直接连接和交叉连接的不同情况分别通过建立主方程进行数学求解，可得到网络度分布函数的表达式。研究发现，无论在哪种情况下，其度分布均表现出幂率的形式。

### 3.2.9　分形网络模型

分形是非线性科学的重要研究课题，是没有特征长度的图形、结构和现象的总称[143]。自相似性和标度不变性是分形的两个基本属性。其中，自相似性是指"某种过程或结构特征在不同的空间或时间尺度上是相似的，或者某种系统或结构的局部结构性质与整体相类似"[41]。此外，整体与整体之间或部分与部分之间也可能存在自相似性。标度不变性则是指在分形上任选一局部区域进行放大后所得到的结果将具备原图的形态特征，是系统具有自相似性的必要条件。

分形维数是描述分形结构的重要特征值[144]，常见的分形维数包括Hausdorff维数、盒维数、相似维数、谱维数、Lyapunov维数等，其中盒维数也称熵维数、对数维数或度量维数，应用领域最为广泛。

由于复杂网络平均路径长度与网络规模间的对数关系，人们一直将其归为非分形的范畴。Song等先将分形理论应用于复杂网络的分析研究中[41]。他们通过分形维数的方法计算出了复杂网络的盒维数值，根据盒维数证明了复杂网络具有自相似性的特征。然后，借助重整化过程方法，发现在所有粗粒化过程阶段，网络都存在自相似性和无标度分布形式。他们在进一步的深入研究中又发现，网络中高度节点之间的互斥性很可能是导致复杂网络产生分形特性的原因[145]。Song等人这一系列关于网络分形的研究为复杂网络研究提供了一个崭新的思路。目前，除小世界效应和无标度特性外，分形特性是复杂网络最重要的结构特征之一。大量的研究工作也围绕着现实世界复杂网络的分形特征、分形形成机制以及分形模型等几个方面相继开展。

分形网络模型中最经典的是阿波罗网络模型。Andrade等从古希腊数学家提出的阿波罗装填问题（也称为阿波罗分形垫）出发，构造了一类确定的阿波罗网络[146]。其构造过程如下。

初始状态：三个相互外切的圆盘，它们形成的空隙是边为曲线的三角形，称为曲线三角形。

第一步：在三个外切圆盘的空隙处放入另一个大小合适的圆盘，使此圆盘与曲线三角形的三边分别相切。

第二步：将三个大小合适的圆盘填充到新形成的空隙中，使每个圆盘与相应的曲线三角形的三边分别相切。

第三步：重复以上过程直至无穷。

假设每个圆盘对应为网络中的一个节点，如果圆盘与圆盘相切，则表示它们所对应的节点相互连接，由此便可得到确定性阿波罗网络。如果在以上介绍的阿波罗网络构造过程中每次只是随机选择一个空隙进行填充，那么经过长时间填充后构造的网络称为随机阿波罗网络。

Andrade 等运用度分布的方法，得到二维阿波罗网络的度分布服从幂率分布，其幂指数为 $\gamma = 1 + (\ln 3 / \ln 2)$ [146]。章忠志等提出并研究了高维确定性阿波罗网络 [147] 和高维随机阿波罗网络 [148]，发现所有高维阿波罗网络均为无标度网络，同时它们具有较小的平均路径长度和较大的群集系数，并且平均路径长度与网络规模成对数增长关系。在此研究的基础上，他们进一步提出了一种新的阿波罗填充方式，即在每一迭代步，对每一个空隙以概率 $q(0 < q \leqslant 1)$ 进行填充，以此构造了阿波罗网络的统一模型 [149]。

### 3.2.10　BBV 加权网络模型

以上介绍的复杂网络模型大多都以 WS 小世界网络模型和 BA 无标度网络模型为基础，都是具有代表性的无权无向网络模型。虽然无权无向网络模型可以反映网络节点间简单的连接方式和主要相互作用等特性，但是不能反映实际网络节点间相互作用的强度和连边多样性与差异性。近年来越来越多的实证数据表明，在很多实际网络中，网络各个节点之间的连接并不是完全等同的，而是具有不同权值的。显然，用单纯的无权无向网络来描述这些真实网络是远远不够的，用各个节点的连接具有不同权值的加权网络模型来描述更为合适。

生成加权网络的方法可分成静态方法和动态方法两类。其中，静态方法的构造过程是先按照特定的演化机制生成稳态的复杂网络，然后根据网络的固有属性或者研究的需求定义边的权重并赋值，这样就形成了加权网络 [150]。动态方法构造过程是预先对一个初始网络定义边的权重分布并赋值，然后按照与边的权重或节点强度有关的演化机制来逐步生成加权网络 [151]。加权复杂网络模型中最为关键的是边的权重，无论使用静态方法还是动态方法，都需要生成一定的边权分布形式的网络。

复杂网络的研究人员根据静态方法和动态方法提出了一些不同的加权网络演化模型，在众多的模型中，由 Barrat、Barthelemy 和 Vespignani 提出的一个加权网络模型（简称"BBV 模型"）得到了普遍的关注和研究[152]。该模型综合考虑了网络结构和节点的强度等因素，研究了网络的动态演化情况，具有结构简单且易于理论分析的特点。BBV 加权网络模型的生成算法描述如下。

初始条件：初始时刻，网络是由 $m_0$ 个节点构成的全耦合网络，其中每条边都赋予一个权值 $w_0$。

增长：每一个时间步 $t$ 有一个新节点加入网络，并且和网络中已经存在的 $m$ 个不同的节点相连接，不允许自连和重连，其中 $m \leqslant m_0$。

强度择优连接：新加入节点连接网络中已经存在的节点 $v_i$ 的概率为

$$\Pi(k_i) = \frac{s_i}{\sum_j s_j} \qquad (3\text{-}68)$$

式中：$s_i$ 为节点 $v_i$ 的强度。也就是强度越大的节点被选中的概率越大。

边权值的动态演化：每一时间步新节点与旧节点的连边都赋予一个权值 $w_0$。为了简化模型的计算，通常认为新边只会局部引发连接节点 $v_i$ 与它的邻居节点 $v_j \in \Gamma_i$ 的边权调整，其中 $\Gamma_i$ 表示节点 $v_i$ 的邻域。边权调整如下：

$$w_{ij} \to w_{ij} + \Delta w_{ij} \qquad (3\text{-}69)$$

式中：$\Delta w_{ij} = \delta_i \dfrac{w_{ij}}{s_i}$，$\delta_i$ 为节点强度的增量。

边权的演化机制就意味着权值为 $w_0$ 的边的引入，会给节点 $v_i$ 带来额外 $\delta_i$ 的流量负担，而与之相连的边会按其自身的权值 $w_{ij}$ 的大小分担相应的流量。因此，与新节点产生连接的节点 $v_i$ 的强度变化为 $s_i \to s_i + w_0 + \delta_i$（图 3-7）。

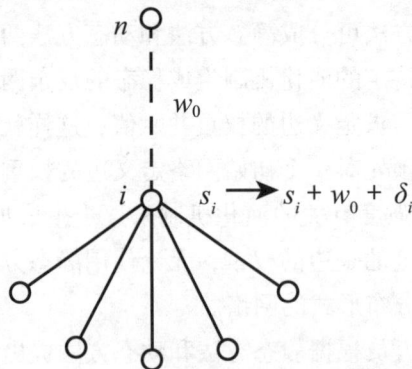

图 3-7　BBV 加权网络模型节点强度演化规则[150]

为简单起见，设新边的初始权重 $w_0 = 1$，则模型就仅仅依赖一个没有维度的参量 $\delta_i$，$\delta_i$ 是新的边引入网络而导致已存在边的权重的净增量。当 $\delta_i \approx w_0 = 1$ 时，新边所导致的新增流量是以一种比较平稳的方式增加到网络中原有的节点和边的，如在航空交通网络中，一条新航线的产生会增加机场的客运量。当 $\delta_i < w_0$ 时，新边的增加不会明显影响原有网络；在科研合作网络中，新的合作和合作者的出现不太可能影响网络中原有的合作关系。当 $\delta_i > w_0$ 时，可能会出现一种极端的情况，那就是新边的增加将会产生一系列的连锁反应，明显影响所连接的节点以及它的邻居节点。为简单起见，取 $\delta_i = \delta$ 为常数。

根据平均场方法，可以得到节点 $v_i$ 的强度 $s_i$ 和连接度 $k_i$ 的统一表达式：

$$s_i = (2\delta + 1)k_i - 2m\delta \qquad (3-70)$$

由 BBV 加权网络模型的生成算法可知，每一个时间步内只增加一个新的节点，网络在 $[0, t]$ 是均匀分布的，即关于时间 $t_i$ 有一个固定的概率密度：

$$P(t_i) = \frac{1}{m_0 + t} \qquad (3-71)$$

所以，网络节点度分布为

$$P(k, t) = \frac{1}{t + m_0} \int_0^t \delta(k - k_i(t)) \mathrm{d}t_i \qquad (3-72)$$

式中：$\delta(x)$ 是狄拉克 $\delta$ 函数。

当 $t \to \infty$ 时，网络的节点度分布为

$$P(k) \sim k^{-\gamma} \qquad (3-73)$$

式中：幂律指数为

$$\gamma = \frac{4\delta + 3}{2\delta + 1} \qquad (3-74)$$

因为节点强度与节点度具有线性关系，所以当 $t \to \infty$ 时，网络的节点强度分布为

$$P(s) \sim s^{-\gamma} \qquad (3-75)$$

因此，节点强度也服从幂律分布，并且幂律指数为 $\gamma \in [2,3]$。当新加入的边不影响原来的权值时，即 $\delta = 0$，BBV 加权网络模型退化为 BA 无标度网络模型，$\gamma = 3$。当 $\delta \neq 0$ 且 $\delta \to \infty$ 时，$\gamma \to 2$。

同节点强度和节点度分布的求解类似，网络的边权值同样满足幂律分布：

$$P(w) \sim w^{-\alpha} \tag{3-76}$$

式中：幂率指数为

$$\alpha = 2 + \frac{1}{\delta} \tag{3-77}$$

当 $\delta = 0$ 时，网络的生长演化对原来的边没有影响，权值保持不变。当 $\delta \neq 0$ 且 $\delta \to \infty$ 时，网络的权值服从幂律分布。特别地，当 $\delta = 1$ 时，$\alpha = 3$，此时权值分布类似 BA 无标度模型中的节点度分布，具有无标度特性。

综上，BBV 加权网络模型生成的网络中节点度、节点强度和权值都服从幂律分布，具有无标度特性，并且节点度和节点强度之间具有线性关系，而节点度和权值具有非线性关系。

# 第 4 章　基于节点吸引力的复杂网络演化模型

　　最具代表性的 WS 小世界网络模型和 BA 无标度网络模型都具有非常简明的生成规则，但是也不可避免地忽略了影响实际网络生长的一些因素，因而使某些统计性质与实际网络相比存在较大的偏差 [153]。比如，WS 小世界网络模型虽然具有现实网络的高聚类特征，但是其网络度分布近似于泊松分布；而 BA 无标度网络模型的度分布服从幂律分布，这与现实网络是一致的，但其聚类效应不明显并且幂指数固定为常数 3，这与实际网络幂指数通常在 [1,3] 的范围内不符。

　　近年来，为了克服上述问题，学术界提出了许多相应的改进模型。Dorogovtsev 最早提出了原始节点吸引力模型（简称 Dorogovtsev 模型）[154]，Dorogovtsev 模型规定网络中所有节点的初始吸引力都相等，网络的生长演化受节点吸引力的影响，此模型较好地解决了现实网络中孤立节点也会被连线的问题。文献 [155] 提出了一种基于节点吸引力的复杂网络模型（简称 NAM 模型），该模型以网络中的节点在单位时间内所获得的连接数作为节点的吸引力，同时假设各节点有同等的连接机会，模型的择优连接概率由节点吸引力和节点度共同决定。文献 [156] 针对原始节点吸引力模型及其扩展模型普遍具有较小的群集系数这一缺陷，提出了一个具有聚类效应的节点吸引力复杂网络模型（简称 CALW 模型）。CALW 模型分析了真实网络中择优连接的局域性特点，将节点的吸引力定义为随时间变化的函数，实验结果表明此模型具有较高的群集系数，更吻合实际网络的拓扑结构和统计特性。本章在以上研究的基础上提出了一种基于节点吸引力的可调参数的复杂网络模型。

## 4.1 Dorogovtsev 节点吸引力模型

Dorogovtsev 等考虑了复杂网络生长演化过程中择优连接时节点的初始吸引问题，提出了一个具有节点初始吸引力的网络模型（简称 Dorogovtsev 模型），并将之应用于构建一个有向的复杂网络。

### 4.1.1 Dorogovtsev 模型生成算法

Dorogovtsev 节点吸引力模型的生成算法描述如下。

初始条件：初始时刻 $t=1$，网络中有一个节点，此节点有 $m$ 条入边。

增长：每一个时间步 $t$，有一个新节点加入网络，新节点不带有入边。新节点具有初始吸引力 $A \geqslant 0$。

连接：从网络中不确定节点发出 $m$ 条有向的新边，其中一条新边指向某一节点 $v_s$ 的概率正比于 $A_s$，$A_s$ 的表达式如下：

$$A_s = A + k_s \tag{4-1}$$

式中：$k_s$ 为节点 $v_s$ 的入度。

### 4.1.2 Dorogovtsev 模型的网络度分布

由 Dorogovtsev 节点吸引力网络模型的生成算法可知，在 $t$ 时刻，网络中共有 $t$ 个节点和 $m(t-1)$ 条有向连边。此时，网络总的吸引力为 $A_\Sigma = (m+A)t = (1+a)m$，其中，$a \equiv A/m$，而一条新边连接节点 $v_s$ 的概率就是 $A_s/A_\Sigma$。因此，运用主方程方法，可得节点 $v_s$ 的连接度 $k$ 的分布为

$$p(k,s,t+1) = \sum_{l=0}^{m} \psi_s^{(ml)} p(k-1,s,t)$$

$$= \sum_{l=0}^{m} \binom{m}{l} \left[ \frac{k-l+am}{(1+a)mt} \right]^l \left[ 1 - \frac{k-l+am}{(1+a)mt} \right]^{m-l} p(k-1,s,t) \tag{4-2}$$

式中：$\psi_s^{(ml)} = \binom{m}{l} \left( A_s/A_\Sigma \right)^l \left( 1 - A_s/A_\Sigma \right)^{m-l}$ 是节点 $v_s$ 获得 $m$ 条新边中 $l$ 条边连接的概率。

初始条件为 $p(k,s,t) = \delta(k)$，即新节点没有入边。网络总体的度分布为

$$P(k,t) = \sum_{u-1}^{t} p(k,u,t)/t。可得$$

$$(1+a)t\frac{\partial P}{\partial t}(k,t)+(1+a)P(k,t)+(k+am)P(k,t)-(k-1+am)P(k-1,t)$$
$$=(1+a)\delta(k)$$
（4–3）

当 $t\to\infty$ 时，得到网络稳态度分布满足

$$(1+a)P(k)+(k+ma)P(k)-(k-1+ma)P(k-1)=(1+a)\delta(k)$$ （4–4）

再使用 Z 变换方法求解上述方程，可得

$$z(1-z)\frac{\mathrm{d}\Phi}{\mathrm{d}z}+ma(1-z)\Phi+(1+a)\Phi=1+a$$ （4–5）

式中：$\Phi(z)=\sum_{k=0}^{\infty}P(k)z^k$ 为分布函数 $P(k)$ 的 Z 变换。

由此进一步可得

$$P(k)=(1+a)\frac{\Gamma[(m+1)a+1]}{\Gamma(m+a)}\frac{\Gamma[k+ma]}{\Gamma[k+2+(m+1)a]}$$ （4–6）

对于 $ma+k\gg1$，网络度分布可以表示为

$$P(k)\cong(1+a)\frac{\Gamma[(m+1)a+1]}{\Gamma(ma)}(k+ma)^{-(2+a)}$$ （4–7）

所以，网络度分布 $P(k)$ 服从幂律分布 $P(k)\sim k^{-\gamma}$，其幂律指数为

$$\gamma=2+a=2+A/m$$ （4–8）

特别地，当 $a=1$ 时，也符合 $A_s=A+k_s$ 的情况，此时

$$P(k)=\frac{2m(m+1)}{(k+m)(k+m+1)(k+m+2)}\sim 2m(m+1)k^{-3}$$ （4–9）

同时，还可以得到节点的平均度

$$\langle k\rangle=\sum_{k=0}^{\infty}kp(k,s,t)=am\left[\left(\frac{s}{t}\right)^{-1/(1+a)}-1\right]$$ （4–10）

因此，在一个足够大的确定的时刻 $t$，原有节点 $v_s$ 进入网络的时刻 $s\ll t$，则节点 $v_s$ 的平均度 $\langle k\rangle\sim s^{-\beta}$，其中，幂率指数为 $\beta=1/(1+a)$。因此，可得到 $\gamma$ 和 $\beta$ 的关系式为

$$\beta(\gamma-1)=1$$ （4–11）

文献 [157] 通过运用马氏链中首达概率的理论和技巧，讨论了 Dorogovtsev 节点吸引力网络模型稳态度分布的存在性，严格证明了度分布的存在性，同时推导出了度分布的精确表达式，与主方程方法得到的结果完全一致。

Dorogovtsev 节点吸引力网络模型中的考虑初始吸引力的择优连接规则比 BA 无标度网络模型的度优先连接规则更具有普遍意义。根据以上计算，模型生成网络为无标度网络，其度分布指数为 $\gamma = 2 + A/m$。这样，当 $A$ 从 0 趋于 $\infty$ 时，$\gamma$ 则从 2 增加到 $\infty$。特别地，当 $A = m$ 时，该模型就等价于 BA 无标度网络模型。

## 4.2 NAM 节点吸引力模型

日常生活中大量的实例表明，真实复杂网络中节点度的增长并不仅仅依赖节点加入网络的时间长短。比如，社交网络中一个明星人物的加入会很快吸引大量粉丝的关注；因特网中有些网站通过新颖的设计和创新的内容可以更多地吸引浏览者；另外，有些年轻的体育明星一战成名人气大涨，很容易超过那些比他们早进入体育圈的人。这些实例都说明网络中有些节点会比其他节点以更高的速率获得新的连接。文献 [155] 把节点所具有的吸引力称为吸引因子，认为吸引因子对网络中节点的连接数量具有直接的影响，因此提出了一种基于节点吸引力的复杂网络模型（简称 NAM 模型）。

### 4.2.1 NAM 模型生成算法

复杂网络中的每个节点对新加入的节点都具有一定的吸引因子，因此可以用吸引因子 $\beta$ 表示原有节点对新加入节点的吸引力，每个节点所具有的吸引因子则用 $\beta_i$ 表示。节点吸引因子 $\beta_i$ 的具体计算方法可以简化为节点在单位时间内获得的连接数量，即 $\beta_i = \dfrac{n_i}{\Delta T}$，其中 $n_i$ 为节点 $v_i$ 在 $\Delta T$ 时间内获得的连接数量。NAM 模型的生成算法描述如下。

初始条件：初始时，网络中有 $m_0$ 个节点。

增长机制：在每个时间步内，一个具有吸引因子的新节点 $v_j$ 加入网络中，新节点 $v_j$ 与网络中已经存在的 $m(m \leqslant m_0)$ 个节点相连接。

择优连接：每个新节点 $v_j$ 与原有节点 $v_i$ 相连接的概率服从如下的连接概率

$$\Pi_i = \frac{k_i + \beta_i}{\sum_l (k_l + \beta_l)} \tag{4-12}$$

式中：$k_i$ 为节点 $v_i$ 的度，$\beta_i$ 为节点 $v_i$ 的吸引因子，$\sum_l (k_l + \beta_l)$ 为网络中所有节点的度与吸引因子之和。

NAM 模型是 BA 模型的改进，两者最显著的区别是，BA 模型中的择优连接机制仅仅是节点度的择优，而在 NAM 模型中新节点的择优连接概率则是由节点的度数与吸引因子所共同决定的。这一新的连接机制意味着一个新加入网络的节点即使仅有少量的连接但是具有很高的吸引因子，它也能获得很高的连接速率。

## 4.2.2　NAM 模型的网络度分布

利用平均场方法能够进一步详细刻画模型的性质并求解其度分布。

如果新节点 $v_j$ 与原有节点 $v_i$ 相连接，则节点 $v_i$ 的度数 $k_i$ 的变化率满足如下的动力学方程：

$$\frac{\partial k_i}{\partial t} = m \frac{k_i + \beta_i}{\sum_l (k_l + \beta_l)} \tag{4-13}$$

初始条件为 $k_i(t_i) = m$，其中 $t_i$ 为节点 $v_i$ 进入网络的时刻，$m$ 表示新加入网络的节点与原有节点有 $m$ 条边相连接。

当 $k_i \geqslant 0$ 时，时间 $t$ 函数是单调递增的，因此可将 $k_i(t_i)$ 的概率表示为

$$P(k_i(t_i) < k) = P\left( t < \frac{2mt_i + \sum \beta_j}{2m(m + \beta_i)^2}(k + \beta_i)^2 - \frac{\sum \beta_j}{2m} \right)$$

$$= P\left( t_i > \left( t + \frac{\sum \beta_j}{2m} \right)\left( \frac{m + \beta_i}{k + \beta_i} \right)^2 - \frac{\sum \beta_j}{2m} \right)$$

$$= 1 - P\left( t_i \leqslant \left( t + \frac{\sum \beta_j}{2m} \right)\left( \frac{m + \beta_i}{k + \beta_i} \right)^2 - \frac{\sum \beta_j}{2m} \right) \tag{4-14}$$

时间 $t$ 服从均匀分布，所以

$$P(t_i) = \frac{1}{m_0 + t} \tag{4-15}$$

代入式（4-14）可得概率分布

$$P(k_i(t_i) < k) = 1 - \frac{1}{m_0 + t}\left[ \left( t + \frac{\sum \beta_j}{2m} \right)\left( \frac{m + \beta_i}{k + \beta_i} \right)^2 - \frac{\sum \beta_j}{2m} \right] \tag{4-16}$$

因此，节点的度分布为

$$P(k) = \frac{\partial p(k_i < k)}{\partial k}$$

$$= -\frac{1}{m_0 + t}\left(t + \frac{\sum \beta_j}{2m}\right)(m + \beta_i)^2(-2(k + \beta_i)^{-3})$$

$$= \frac{2}{m_0 + t}\left(t + \frac{\sum \beta_j}{2m}\right)(m + \beta_i)^2(k + \beta_i)^{-3} \qquad (4-17)$$

由上式可知,当 $t \to +\infty$ 时,网络节点度分布为 $P(k) \approx 2(m + \beta_i)^2(k + \beta_i)^{-3}$,又因为 $\beta_i = \frac{n_i}{\Delta T}$,所以 $P(k) \approx 2(m + \frac{n_i}{\Delta T})^2(k + \frac{n_i}{\Delta T})^{-3}$。在 NAM 模型中,如果 $\beta = 0$,即所有的吸引因子都相等,则 $P(k) \approx 2m^2 k^{-3}$,就会演变为无标度网络模型,则 $k_i(t) \sim t^{1/2}$。

## 4.3　基于节点吸引力的可调参数复杂网络模型

针对真实网络的生长演化规律,以及 BA 模型和原始的节点吸引力模型所存在的问题,本章提出了一种基于节点吸引力的可调参数复杂网络模型。该模型在 BA 模型的基础上引入了节点吸引力的概念,并使之与节点度共同影响网络的择优连接生长过程。理论研究与仿真实验分析表明,通过调节模型参数可以灵活地调整网络的生长演化过程,使之更加符合真实网络的拓扑结构和统计特性。基于节点吸引力的可调参数复杂网络模型的网络度分布仍然服从幂律分布,并且具有较高的群集系数和平均路径长度。

### 4.3.1　节点吸引力

许多真实网络都展现了择优连接的特征,这说明节点的连接概率与节点度是有关的,但是节点择优的选择标准并不都只是简单地如 BA 模型所描述的那样选择节点度大的节点。例如,在社交网络中,每个人结交新朋友的速率并不是完全相同的,有些魅力十足的人会更容易结交朋友,而这样的人有时并不是在网络中非常活跃并广泛交流的人;在科研合作网络中,一个新加入的人员选择合作的对象既要是在网络中已经有很高的成就和威望的学者,又要是在新加入者感兴趣领域近期比较活跃而有较多贡献的人员;在舆情网络中,一个节点如果是一个舆论观点的发起者或者是一个鲜明观点的支持者,那么它可能在短期内以更高的速率获得其他人的关注与联系。以上例子都说明在复杂网络的增长演化过程中,新节点的择优连接是普遍存在的,但选择的标准除了考虑节点的度外，还要考虑其他吸引因素。

类似于 NAM 模型，我们用吸引因子 $\beta$ 来具体量化网络中节点对新节点的吸引力的大小，则每个节点的吸引因子表示为 $\beta_i$。吸引因子 $\beta_i$ 的计算公式为

$$\beta_i = \frac{n_i}{\Delta T} \tag{4-18}$$

式中：$\Delta T = t - t_i$，$t_i$ 为节点 $v_i$ 在 $t_i$ 时刻加入网络，$n_i$ 为节点 $v_i$ 在 $\Delta T$ 时间内获得的连接数量。

节点的度表示的是节点在网络中的拓扑位置，是某一时刻静态的度量，节点吸引力描述的是节点在一段时间内的连接变化，是一个对于动态过程的度量。

### 4.3.2　模型算法

可调参数的节点吸引力复杂网络模型的算法描述如下。

初始条件：初始时，网络是由 $m_0$ 个节点和 $e_0$ 条边组成的无向无权网络。

增长机制：在每个时间步，一个新节点 $v_j$ 加入网络中，这个节点与网络中已经存在的 $m(m \leqslant m_0)$ 个节点相连接。

择优连接：每个新节点 $v_j$ 与网络中旧节点 $v_i$ 相连的概率服从如下规则：

$$\Pi_i = \frac{\alpha k_i + \gamma \beta_i}{\sum_l (\alpha k_l + \gamma \beta_l)} \tag{4-19}$$

式中：$k_i$ 为节点 $v_i$ 的度；$\beta_i$ 为节点 $v_i$ 的吸引因子；$\sum_l (\alpha k_l + \gamma \beta_l)$ 为网络中其余节点的度与吸引因子的加权线性和；$\alpha$ 与 $\gamma$ 为可变参数，它们满足如下关系式：

$$\alpha + \gamma = 1 \tag{4-20}$$

### 4.3.3　节点吸引力模型的度分布

假设新加入节点 $v_j$ 与原有节点 $v_i$ 相连接，则节点 $v_i$ 将会依照式（4-19）成比例地增加其度数 $k_i$，根据平均场理论[129]，则有

$$\frac{\partial k_i}{\partial t} = m \frac{\alpha k_i + \gamma \beta_i}{\sum_l (\alpha k_l + \gamma \beta_l)} \tag{4-21}$$

考虑到 $\sum_l k_l = 2mt$，代入式（4-21）可得

$$\frac{\partial k_i}{\partial t} = m \frac{\alpha k_i + \gamma \beta_i}{\sum\limits_l (\alpha k_l + \gamma \beta_l)} = m \frac{\alpha k_i + \gamma \beta_i}{2\alpha mt + \gamma \sum\limits_l \beta_l} \qquad (4\text{-}22)$$

其初始条件是节点 $v_i$ 在 $t_i$ 时刻进入网络，其度数为 $k_i(t_i) = m$，故方程（4-22）满足初始条件的解为

$$k_i(t) = \frac{\left(2mt + \dfrac{\gamma}{\alpha}\sum\limits_l \beta_l\right)^{\frac{1}{2}} \left(m + \dfrac{\gamma}{\alpha}\beta_i\right)}{\left(2mt_i + \dfrac{\gamma}{\alpha}\sum\limits_l \beta_l\right)^{\frac{1}{2}}} - \frac{\gamma}{\alpha}\beta_i \qquad (4\text{-}23)$$

在 $k_i \geqslant 0$ 的部分，可将 $k_i(t)$ 的概率写为

$$P(k_i(t) < k) = P\left( t < \frac{2mt_i + \dfrac{\gamma}{\alpha}\sum \beta_l}{2m\left(m + \dfrac{\gamma}{\alpha}\beta_i\right)^2}\left(k + \dfrac{\gamma}{\alpha}\beta_i\right)^2 - \dfrac{\gamma}{\alpha}\dfrac{\sum \beta_l}{2m} \right)$$

$$= P\left( t_i > \left(t + \dfrac{\gamma}{\alpha}\dfrac{\sum \beta_l}{2m}\right)\left(\dfrac{\alpha m + \gamma \beta_i}{\alpha k + \gamma \beta_i}\right)^2 - \dfrac{\gamma}{\alpha}\dfrac{\sum \beta_l}{2m} \right)$$

$$= 1 - P\left( t_i \leqslant \left(t + \dfrac{\gamma}{\alpha}\dfrac{\sum \beta_l}{2m}\right)\left(\dfrac{\alpha m + \gamma \beta_i}{\alpha k + \gamma \beta_i}\right)^2 - \dfrac{\gamma}{\alpha}\dfrac{\sum \beta_l}{2m} \right) \qquad (4\text{-}24)$$

由于时间 $t$ 是服从均匀分布的，所以

$$P(t_i) = \frac{1}{m_0 + t} \qquad (4\text{-}25)$$

代入式（4-24）可得

$$P(k_i(t) < k) = 1 - \frac{1}{m_0 + t}\left[\left(t + \dfrac{\gamma}{\alpha}\dfrac{\sum \beta_l}{2m}\right)\left(\dfrac{\alpha m + \gamma \beta_i}{\alpha k + \gamma \beta_i}\right)^2 - \dfrac{\gamma}{\alpha}\dfrac{\sum \beta_l}{2m}\right] \qquad (4\text{-}26)$$

因此，节点的度分布为

$$P(k_i(t) = k) \approx \frac{\partial p(k_i(t) < k)}{\partial k}$$

$$= -\frac{1}{m_0 + t} \left( t + \frac{\gamma}{\alpha} \frac{\sum \beta_l}{2m} \right) (\alpha m + \gamma \beta_i)^2 (-2\alpha(\alpha k + \gamma \beta_i)^{-3})$$

$$= \frac{2\alpha}{m_0 + t} \left( t + \frac{\gamma}{\alpha} \frac{\sum \beta_l}{2m} \right) (\alpha m + \gamma \beta_i)^2 (\alpha k + \gamma \beta_i)^{-3} \tag{4-27}$$

当 $t \to +\infty$ 时，有

$$P(k) \approx \lim_{t \to +\infty} \frac{2\alpha}{m_0 + t} \left( t + \frac{\gamma}{\alpha} \frac{\sum \beta_l}{2m} \right) (\alpha m + \gamma \beta_i)^2 (\alpha k + \gamma \beta_i)^{-3}$$

$$= 2\alpha(\alpha m + \gamma \beta_i)^2 (\alpha k + \gamma \beta_i)^{-3} \tag{4-28}$$

所以，当 $\alpha = 1$，$\gamma = 0$ 时，模型退化为 BA 模型，$P(k) \approx 2m^2 k^{-3}$；当 $\alpha = \gamma = 1/2$ 时，$P(k) \approx 2(m + \beta_i)^2 (k + \beta_i)^{-3}$，这与文献 [155] 所描述的情况相同，模型即为 NAM 模型；当 $\alpha = 0$，$\gamma = 1$ 时，网络择优连接完全按照节点吸引力的变化而变化，此时类似于文献 [156] 的模型中初始节点吸引力都相同的情况，模型退化为 Dorogovtsev 模型。因此，本书提出的基于节点吸引力的可调参数复杂网络模型是一个综合了节点度择优连接以及节点吸引力连接的复杂网络生长演化的统一模型。

### 4.3.4　仿真实验与分析

根据本书提出的基于节点吸引力的可调参数复杂网络模型，利用计算机仿真实验，分别从度分布、群集系数和平均路径长度等复杂网络的特征参数方面与 BA 模型、NAM 模型以及 Dorogovtsev 模型进行比较。

1. 度分布

节点度是指网络中节点与其他节点间的连边数。度分布则是节点恰好有 $k$ 条连边的概率，用节点度的概率分布函数 $P(k)$ 表示。对真实复杂网络的实证研究表明，大多数复杂网络中节点度分布服从幂律分布，即 $P(k) \sim k^{-\gamma}$，其中 $2 < \gamma \leqslant 3$。

图 4-1 给出了几种模型的节点度分布情况，其中网络模型参数为节点总数 $N = 3\,000$，初始节点数 $m_0 = 5$，每个新节点的连接数 $m = 3$，可调参数：$\alpha = 1$，$\gamma = 0$；$\alpha = \gamma = 1/2$；$\alpha = 0$，$\gamma = 1$；$\alpha = 1/4$，$\gamma = 3/4$ 以及 $\alpha = 3/4$，$\gamma = 1/4$。从

图 4-1 可以看出，可调参数的节点吸引力模型与其他模型一样，其节点度分布服从幂律分布。由此可见，虽然可以灵活调整模型的参数值，使其生成机制发生相应的变化，但是网络的最终整体拓扑结构并没有发生太大的变化。这表明同时考虑节点度与节点吸引力的择优连接机制是可以有效地生成结构稳定并与现实情况更接近的复杂网络的。

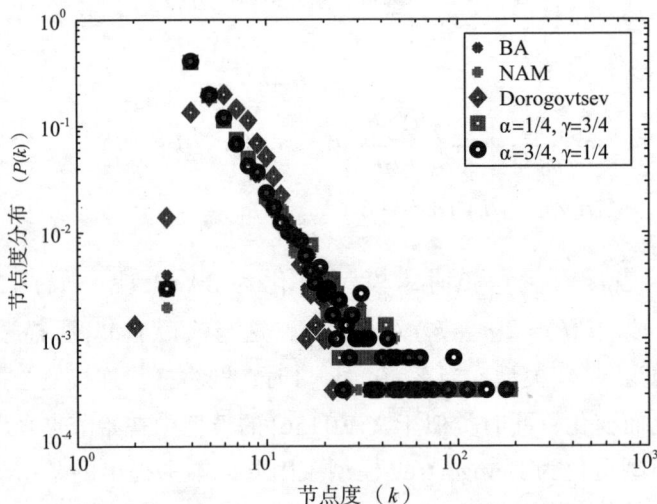

图 4-1　几种模型的节点度分布

2. 群集系数

复杂网络中节点 $v_i$ 的群集系数 $C_i$ 表示节点 $v_i$ 的所有邻居节点中任意两个节点相互连接的概率，即 $C_i = \dfrac{E_i}{E_m} = \dfrac{2E_i}{k_i(k_i-1)}$，其中 $k_i$ 为节点 $v_i$ 的度，$E_m = \dfrac{k_i(k_i-1)}{2}$ 为 $k_i$ 个节点间最多存在的边数，而 $E_i$ 为 $k_i$ 个节点间实际存在的边数。因此，网络的群集系数 $C$ 被定义为网络所有节点的群集系数的平均值，即 $C = \dfrac{1}{N}\sum_i C_i$，其中 $N$ 为网络中节点的总数。网络的群集系数 $C$ 主要用于衡量网络的聚集程度。

图 4-2 是网络规模 $N$ 取不同值时，几种模型群集系数 $C$ 的比较。从图 4-2 可以看出，本书提出的模型与其他模型生成网络的群集系数在变化趋势上基本一致，即随着网络规模的增大，群集系数降低；在同等的网络规模下，几种模型的群集系数差别不大，但是通过调整模型参数可以在一定程度上改变生成网络的群集系数。当网络规模为 $N$=3 000 时，群集系数 $C$ 大致为 0.012～0.017，基本与同等规模的实际复杂网络相吻合。

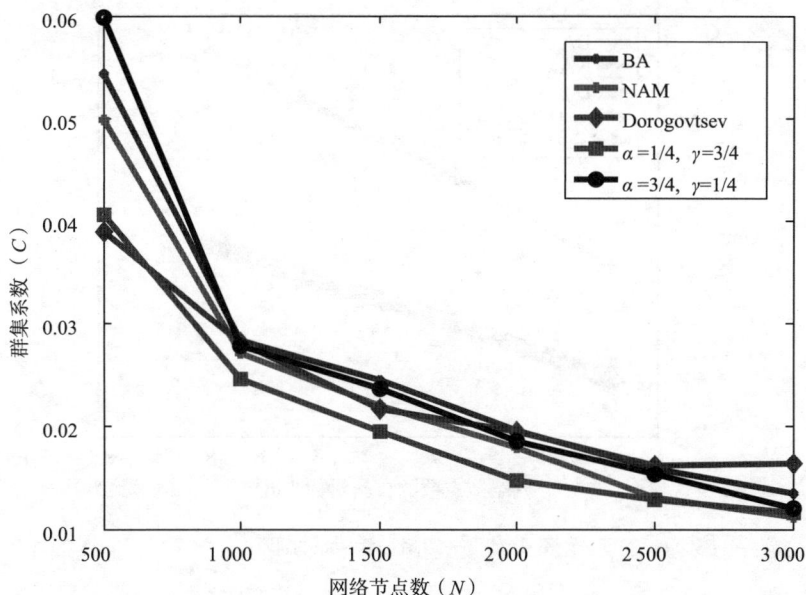

图 4-2　群集系数的比较

3. 平均路径长度

对于一个无权无向网络，平均路径长度 $L$ 定义为任意两个节点之间最短距离的平均值，即 $L=\dfrac{1}{\frac{1}{2}N(N+1)}\sum_{i\geqslant j}d_{ij}$，其中 $d_{ij}$ 为从节点 $i$ 到节点 $j$ 的最短距离；$N$ 为网络中节点的总数。平均路径长度是复杂网络的一个重要的统计特征，刻画了网络的小世界特性。

图 4-3 是网络规模 $N$ 取不同值时，几种模型平均路径长度 $L$ 的比较。从图 4-3 可知，几种模型的平均路径长度的增加速率大致相同，均与网络规模的对数成正比，这与现实世界中大多数复杂网络的特性相符合。在同等的网络规模下，本书提出的模型与 BA 模型、NAM 模型的平均路径长度很接近，改变模型参数取值可以适当改变其平均路径长度，但是 Dorogovtsev 模型生成网络的平均路径长度明显要大于其他模型，这主要是因为 Dorogovtsev 模型在网络增长时只考虑节点吸引力因素而忽视了节点度的大小，模型更不易于聚集。当网络规模为 $N=3\,000$ 时，本书提出模型的平均路径长度为 $L\approx3.8$，与同等规模的实际复杂网络大致相同。

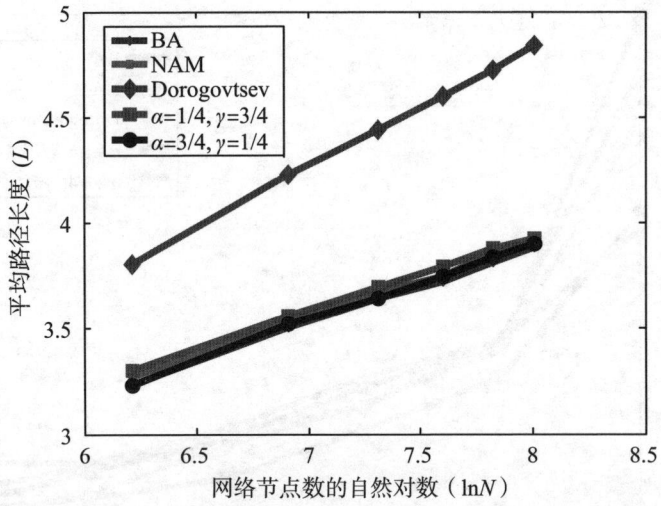

图4-3 平均路径长度的比较

# 第 5 章　网络舆论传播简介

## 5.1　网络舆论传播的基本概念

"舆论是公众关于现实社会以及社会中的各种现象、问题所表达的信念、态度、意见和情绪表现的总和，混杂着理性和非理性的成分，具有相对的一致性、强烈程度和持续性，对社会发展及有关事态的发展产生影响"[158]。简单说来，舆论就是公众对社会问题以及社会现象的共同意见。舆论的主体是社会公众，客体是社会某一焦点事件或现象，本体则是公众对此焦点的倾向性的意见或言论。从 20 世纪末至今，信息技术的迅猛发展使互联网成为继报纸、广播、电视之后的"第四媒体"，早已是人们生活中不可或缺的一部分，也顺理成章地成为社会舆论传播的主要载体之一[159]。借助互联网所具备的网络传播的技术优势，网络舆论的传播演化呈现出了崭新的面貌。近年来，有关网络舆论的生成、传播、演化以及对舆情态势的分析、监控、预警、引导等研究受到了广泛的关注，成为社会科学和自然科学等领域最新的研究热点。

网络舆论的狭义概念是特指在互联网上进行传播与演化的社会舆论；广义概念是指在社会网络、人际关系网络以及互联网等所有复杂网络范畴内进行传播演化的舆论。通常，舆论（opinion）和网络舆论（network opinion）是两个不完全等同的概念。根据网络舆论的狭义概念，舆论是对所有舆论表现形式的总称，而网络舆论是包含于舆论中的一个子集。但是，随着复杂网络研究的扩展，网络舆论中网络的概念也从仅仅是互联网络而相应地扩展为复杂网络，因此现在大多数学者都更加认可网络舆论的广义概念，舆论和网络舆论也基本成为了等同的概念。

对舆论以及舆论传播演化的研究，最初是从社会科学和人文科学等领域开始的。1980 年，德国的社会学家 Elisabeth Nolle-Neumann 出版了社会学著作《沉默的螺旋：舆论——我们的社会皮肤》，在此书中他提出了重要的"沉默的螺旋"（the spiral of silence）理论，首次从社会科学的角度对大众传播和社会舆论之间的关系进行了分析与研究[160]。此后，Sherif 等系统总结了社会心理学在社会态度形成和交互行为等方面的理论和实践[161]。威尔伯·施拉姆等从传播学的角度研究了不同类型的社会传播行为，强调了受众对传播效果的作用[162]。随后，自然科学领域的理论物理学家开始关注舆论现象，他们主要用建模的方式去分析研究舆论的演化过程，并逐渐形成了一个新学科——社会物理学。舆论动力学成为了其中一个重要的分支。1956 年，French 提出了最早的舆论演化模型，试图解释社会功能形式理论的复杂现象[163]。1975 年 DeGroot 和 Lehrer 等深入研究了舆论演化达到一致性这一现象[164]。1984 年物理学家哈肯借助协同学的理论，把"意见"定义为舆论形成的序参量[165]。以 Ising 模型[166]、Sznajd 模型[167] 为代表的一系列粒子交互模型的基本思想是通过粒子间简单的相互作用来模拟宏观系统的复杂行为。Deffuant、Hegselmann 和 Krause 等在此基础上引入了有限信任机制，进一步建立了连续观点的 Deffuant 模型[168] 和 KH 模型[169]。与此同时，Galam 等人以投票选举中的少数服从多数原则为出发点，建立了 Galam 模型[170]、Voter 模型[171] 和多维观点模型[172] 等一系列选举类模型，有效地研究了舆论的传播演化机理。近年来，复杂网络上的舆论研究逐渐成为人们关注的焦点，Sznajd 模型、Deffuant 模型、KH 模型等许多舆论传播演化模型从一维格子链、二维网格等规则网络上扩展到了以无标度网络和小世界网络为代表的复杂网络结构上，产生了舆论演化进程、传播阈值、弛豫时间等一系列重要的结论。[173-175] 除了原有的舆论传播模型扩展到复杂网络上，复杂网络动力学范畴内的许多理论研究和实验方法也大量应用于舆论的研究。如今，运用 Multi-Agent 建模方法、蒙特卡洛仿真、元胞自动机模型、遗传算法和复杂网络技术等众多科学方法的网络舆论研究已经成为了理论物理、数学、生物科学、社会科学、人文科学、计算机科学和复杂性科学等众多领域的学者和研究人员共同关注的热门交叉学科。[176-178]

## 5.2 网络舆论传播的特性

舆论是一定范围内多数人的集合意识及共同意见，是人类社会行为的一种表现形式，也是社会系统中一类典型的复杂性问题。因为或多或少地受到自然、经济、政治、社会、文化、法律等多方面因素的影响，所以舆论的发展演化过程具有高度的复杂性特征[179]。随着互联网的飞速发展，特别是 Web 2.0 时代的到来，网络舆论在传统传媒舆论原有的基础上又产生了一些新的特性。

（1）伴随性。网络舆论的产生不是空穴来风，而是对一些焦点事件的观点和意见，因此往往伴随着一个具体的新闻事件或者某些具体的言论。

（2）即时性。很显然，随着网络、手机、平板计算机等即时性通信工具和论坛、博客、微博、微信、QQ 等信息交流平台的普及，任何信息和舆论都以前所未有的速度进行着传播和演化。哪怕在地理空间上相距很远的人也能在较短的时间内获取彼此的信息和观点。

（3）碎片化。网络的虚拟空间可以是无限大的，处在网络中的每个人都只是这个巨网中一个小小的节点。因此，与传统媒介相比，网络使舆论的受众和舆论载体更加分散，信息和相应的舆论也更加零碎。

（4）去中心化。人们都说现在是一个自媒体的时代。我们每个人既是舆论的接受者，也是舆论的制造者。人人都可以表达自己的观点和态度，这使舆论呈现一种没有明确中心和高点的状态。

（5）隐密性。网络实名制一直是社会热议的话题，但是因为个人隐私保护等问题，很多社交平台的用户信息依然采用匿名或昵称的方式。在网络环境下，人们的言论和观点更加开放和不受约束，舆论的产生和演化也更加的具有隐密性。

（6）不确定性。舆论的传播方式和途径是多种多样的，舆论的发展演化也没有明显的规律性。再加上公众对舆论话题的参与热情也有很大的起伏，其数量增减具有很大的随机性。这些不确定性都势必影响舆论的传播演化并直接表现为舆论的随机性和不确定性。

（7）非平衡性。公众生活的社会环境不同，他们的文化水平、认识程度和关注角度也不一致，因此对事件的看法和观点必然存在着或多或少的差异。存在差异就会产生矛盾和对立，进而可能出现更大的争议和冲突。差异性和争议性导致了舆论演化的非平衡性,但是它们恰恰是舆论不断发展变化的动力源泉,也是舆论活动过程中的普遍现象和突出特征。

# 第 6 章　网络舆论传播演化模型

舆论动力学主要的研究课题是社会系统中个体之间相互作用，以及外界多种因素的影响，导致公众对社会上的一些具体的现象或者事件持有不同的观点和意见，从观点和意见的最初形成到逐渐发展演化直至减退消失等一系列的动力学过程，还包括这些过程中观点一致性与多样性的产生与保持等问题[180]。舆论传播的研究主要解决两个问题：一是引发舆论传播的动力源泉是什么，二是舆论传播所遵循的演化机制到底是什么样的[181]。这两个问题对应的是个体交互模式的研究与观点演化的理论建模[182]。目前，对于网络舆论传播演化模型的研究，已经有比较丰富的理论基础，从社会物理学和复杂网络等领域汲取了许多宝贵的知识，也已经建立起了一些优秀的模型。本章重点介绍一些经典的网络舆论传播演化模型，如 Sznajd 模型、Deffuant 模型、KH 模型、Galam 模型、Voter 模型、多维观点模型以及复杂网络中的扩散传播模型等。

## 6.1　Sznajd 模型

基于物理学中 Ising 粒子自旋交互模型，K. Sznajd–Weron 和 J. Sznajd 提出了一个比较简单的舆论交互演化模型——Sznajd 模型（简称 S 模型）[167]。Sznajd 模型是建立在一维规则的格子链上，其中每个格子代表一个个体，并用 $s_i$ 来表示格子上个体对某事件的两种可能的态度，自旋状态 $s_i = +1$ 表示赞同态度，$s_i = -1$ 表示反对态度。在时刻 $t$，$s_i$ 只能处于两种状态中的一个，即 $s_i(t) = +1$ 或者 $s_i(t) = -1$。同时，定义了个体依据邻居个体的状态而改变自身状态的简单规则：

（1）如果$s_i s_{i+1}=+1$，则$s_{i-1}=s_i=s_{i+1}=s_{i+2}$（铁磁性规则）。

（2）如果$s_i s_{i+1}=-1$，则$s_{i-1}=s_{i+1}$和$s_i=s_{i+2}$（反铁磁性规则）。

上述规则的含义是，当相邻的一对个体持有相同的观点时，他们会说服最近的邻居也接受他们的观点，而当他们的观点相反时，他们也会分别说服对方的最近邻居接受其观点。这种规则称为"United we stand, divided we fall"（USDF），是一种观点由内向外扩展的模型，模型中的个体会因完全受到其某一个邻域内个体的影响而改变自身的观点。

Sznajd模型的规则很简单，但是按照此规则的演化行为却是非常复杂的。从完全随机的初始状态开始，即系统中具有两种观点的个体是等概率的，然后按照规则在周期性边界条件下运用标准蒙特卡洛方法来逐步更新系统的状态。仿真模拟结果显示，经过长时间演化后，系统可以达到三种稳定状态：以0.5的概率出现一半赞成和一半反对的状态，以0.25的概率出现全体赞成或全体反对的状态。

Sznajd定义了磁化强度$m$来度量系统中观点的差异程度

$$m=\frac{1}{N}\sum_{i=1}^{N}s_i \tag{6-1}$$

式中：$N$为系统中个体总数，$s_i$为个体的状态。

在随后的研究中，研究人员发现反铁磁性规则与现实的状况存在较大的差别，因此就将这一规则去除而只保留了铁磁性规则，这样当相邻的一对个体持有相同的观点时，他们会说服最近的邻居接受他们的观点，否则不做任何改变。以后扩展到各个不同模板的Sznajd模型均以此规则为基础。在这种情况下，磁化强度$m=0$为阈值，当初始磁化强度$m<0$时，系统最终演化为$m=-1$的稳态；当初始磁化强度$m>0$时，系统最终演化为$m=+1$的稳态。

系统的驰豫时间$\mu$表示系统由初始状态演化到稳定状态所需的时间，而决定时间$\tau$则代表系统中的个体改变一次观点所需的时间。同时，定义$m$与时间的相关性$G(\Delta t)$：

$$G(\Delta t)=\frac{\sum(m(t)-\langle m\rangle)(m(t+\Delta t)-\langle m\rangle)}{\sum(m(t)-\langle m\rangle)^2} \tag{6-2}$$

对$G(\Delta t)$的实验观察表明，如果某个个体在时刻$t$改变了自身的观点，那么其在下一个时刻很可能再次改变自身的观点。进一步发现，决定时间$\tau$有时很长，有时却很短，其分布$P(\tau)$呈现出幂律分布的特征，其幂指数约为$-3/2$。

系统的初始状态对舆论演化也有重要的影响，如果初始时具有 +1（或 –1）观点的个体多于具有 –1（或 +1）观点的个体，那么最终全体状态都是 +1（或–1）的可能性要大于 –1（或 +1）的可能性。如果某一观点想要以高于 50% 的概率获胜，则在初始状态中具有该观点的个体的比例需要大于 70%。当系统中存在一些不稳定因素的时候，即个体有一定的概率 $P$ 随机地选择观点而不是服从模型规则，尽管系统初始时个体的状态几乎一致，最终也可能会出现系统中个体状态完全与初始时相反的状况。

考虑到原始的 Sznajd 模型是一维格子模型，过于简化，因此 Stauffer 等把它推广到了二维规则网格上，并衍生出了六种不同的观点交互规则[183]。Elgazzar 研究了如何将 Sznajd 模型应用到小世界模型中[184]。用磁化强度 $m$ 衡量观点的差异情况，其结果与原始 Sznajd 模型基本相同。决定时间 $\tau$ 的分布 $P(\tau)$ 同样呈现出幂律分布的特征，其幂指数约为 –1.36，相关系数约为 –0.99。Bernardes 和 Stauffer 等将 Sznajd 模型应用到无标度网络中，同时研究了在三维规则网格中和无标度网络中该模型的应用[185]。Slanina 等研究了完全图中 Sznajd 模型的精确解析解，发现初始磁化强度 $m$ 的改变会导致系统相变的发生，初始磁化强度将决定系统最后的状态，而驰豫时间 $\mu$ 的分布 $P(\mu)$ 为指数分布[186]。对 Sznajd 模型的研究还发现在二维以及更高维网络中，如小世界网络，无标度网络和完全图等都会发生相变现象。

## 6.2　Deffuant 模型

Sznajd 模型是一个离散的二元模型，个体只能有赞成或反对这两种观点，但是在很多实际情况中，人们对某一事件的观点并不是这么极端的态度，而是介于两种极端态度之间的连续变化。在日常生活中，并不是任何人之间都可以交流的，只有态度比较接近的个体才会相互作用，人们之间的交流有一定的信任范围，称为有限信任（bounded confidence）原理[187]。引入一个信任参数 $\varepsilon$ 来表示个体 $x$ 只和态度差异为 $|x-\varepsilon, x+\varepsilon|$ 的置信区间内的个体交流。

Deffuant 等提出的 Deffuant 模型（简称 D 模型）是一个典型的连续态度模型[168]。考虑含有 $N$ 个节点的网络，每个节点代表群体中的一个个体。每个节点的态度 $s_i$ 随机地从 [0,1] 区间内取一实数值。每一时间步 $t$，随机选择一对邻居节点 $v_i$ 和 $v_j$，如果 $|s_i(t)-s_j(t)|>\varepsilon$，则什么也不发生；如果 $|s_i(t)-s_j(t)|<\varepsilon$，则

$$\begin{cases} s_i(t+1) = s_i(t) + \mu[s_j(t) - s_i(t)] \\ s_j(t+1) = s_j(t) + \mu[s_i(t) - s_j(t)] \end{cases} \quad (6-3)$$

式中：$\mu \in [0,0.5]$ 为收敛参数，反映了两节点的态度各自向对方的态度改变的大小。Deffuant 模型的演化基于妥协原理，当取 $\mu = 0.5$ 时，两个个体交互之后均采取之前两者的平均态度。所以，无论信任参数 $\varepsilon$ 和收敛参数 $\mu$ 取何值，整个系统的平均态度都为 1/2，在 Deffuant 模型中是保持不变的。

研究表明，经过一段长时间的演化后，系统最终可以达到三种稳定状态：多个观点离散地分布在状态空间 [0,1] 范围内；全部观点靠近状态空间 [0,1] 的左右两端，出现极化现象；全部观点趋近于一个相同的状态值，形成统一态度。

Deffuant 模型的演化依赖于状态空间边界处的不稳定性。由于观点传播的不稳定性，态度都向状态空间的中心传播，便会形成不同态度子集团，而当一个态度子集团和周围的态度子集团差别超过了信任参数 $\varepsilon$ 时，就会导致子集团内的个体无法再与外界交互，最后形成内部统一的状态，系统最终演化成一个连续的狄拉克 $\delta$ 函数。通常，信任参数 $\varepsilon$ 会影响子集团的数量和大小，参数 $\mu$ 只影响系统演化的收敛时间，但当 $\mu$ 非常小时，同样可以影响系统最终的状态子集团的构型[188]。在完全连通图、规则网格、随机图和无标度网络上，当 $\varepsilon > 0.5$ 时，所有个体的观点最终都将收敛到中心观点 $s = 0.5$ 处，称为一致相（the consensus state）；当 $\varepsilon < 0.5$ 时，系统中会出现多个具有明显观点差异的子集团，$\varepsilon$ 越小涌现的子集团越多，蒙特卡洛模拟显示最终的子集团数量 $n_c$ 可以由 $1/2\varepsilon$ 近似表示[189]。关于 Deffuant 模型的大部分结果都是通过模拟得到的，但是 Ben-Naim 利用速率方程描述了任意两个个体之间可以相互作用的完全图中的 Deffuant 模型动力学[190]。

许多学者在 Deffuant 模型的基础上研究了改进的 Deffuant 模型，如 Lorenz 等人考虑了信任参数 $\varepsilon$ 的差异性[191]，Ben-Naim 考虑了系统中个体可以自发地改变自己的状态[192]，Carletti 等考虑了全局周期性扰动对个体的影响[193]，Weisbuch 等研究了每个个体有不同的置信区间[194]，Stauffer 等在 BA 无标度网络上研究了具有连续变化的舆论值的 Deffuant 模型和离散的 Deffuant 模型，等等[195]。

## 6.3　Krause–Hegselmann 模型

Krause 和 Hegselmann 提出了一个和 Deffuant 模型很相似的舆论演化模型，简称为 KH 模型[169]。KH 模型与 Deffuant 模型一样也遵循有限信任原理，每个节点的态度$s_i$随机地从 [0,1] 区间内取一实数值，且每个节点只与其置信区间内的节点相互作用，即$|s_i(t)-s_j(t)|<\varepsilon$。但是与 Deffuant 模型不同的是，每一时间步节点不是与它的某一个置信区间内的邻居发生相互作用，而是与置信区间内所有的邻居发生相互作用。KH 模型的观点演化规则如下：

$$s_i(t+1) = \frac{\displaystyle\sum_{j:|s_i(t)-s_j(t)|<\varepsilon} a_{ij}s_j(t)}{\displaystyle\sum_{j:|s_i(t)-s_j(t)|<\varepsilon} a_{ij}} \qquad （6-4）$$

式中：$\{a_{ij}\}$为网络的邻接矩阵。以上演化规则说明节点取其置信区间内的所有邻居节点的加权平均态度。

KH 模型的演化动力学与 Deffuant 模型类似，当信任参数$\varepsilon$从 0 开始增加时，群体中的个体首先形成多个子集团，每个子集团的个体持有相近的观点。随着$\varepsilon$进一步增大，子集团逐渐融合，数量逐渐减少，但每个子集团的个体数量逐渐增加。当信任参数$\varepsilon$大于某个阈值$\varepsilon_c$时，系统最终会演化到完全一致相。整个过程类似于耦合振子的同步现象[196]。在全连通网络中，最终的状态构型是以1/2为中心的对称分布，而最终状态子集团的分叉现象将会明显影响系统的驰豫时间。系统演化到完全一致相时的信任参数$\varepsilon$与系统规模$N$和网络的平均连接度$\langle k \rangle$有关。当系统规模$N$有限时，平均连接度$\langle k \rangle$为一常数，此时$\varepsilon_c = 0.5$；当$N \to \infty$时，$\langle k \rangle \to \infty$，$\varepsilon_c = 0.2$。KH 模型的这一特征与 Deffuant 模型存在差异，Deffuant 模型在任何网络上的阈值都是1/2。

文献 [197] 把 KH 模型扩展为带有有限信任的离散观点投票模型。Lorenz 用交互式马氏链方法来重现了 KH 模型[198]。Pluchino 等对 KH 模型进行了二维蒙特卡洛仿真，使用二维矢量状态模拟了观点演化的情况[199]。文献 [200] 则将真理追求者的概念引入 KH 模型中，研究了真理追求者对于舆论统一的作用。文献 [187] 提供了对 Deffuant 模型和 KH 模型及其改进的有限信任模型的综述。

## 6.4 Galam 模型

Galam 提出了一个舆论演化模型——Galam 模型，简称 G 模型 [170]。Galam 模型是基于局部少数服从多数规则（local majority rule）和物理学中实空间分层重整化群的技术而提出的一个多级投票选举模型。局部少数服从多数规则即在一个群体的局部，总是以少数服从多数的方式达成一致或选出群体的代表。

Galam 模型与 Sznajd 模型类似，在有 $N$ 个个体的系统中，个体的状态为两种观点之一，初始时比例 $p_0$ 的个体具有状态 $s_i = +1$，比例 $1 - p_0$ 的个体具有状态 $s_i = -1$，构成了群体的底层。Galam 模型的更新规则如下：在每次迭代中，随机选取 $r$ 个个体为一组，整个群体分为若干组，每个组的每个个体都按照少数服从多数的原则采取这个组中的大多数个体的态度，以此作为系统的第二层。以此类推，再接连选出第三层、第四层等。研究发现，存在一个阈值 $p_c$，当 $p_0 > p_c$ 时，系统中所有的个体最终状态都为 $s_i = +1$；当 $p_0 < p_c$ 时，系统中所有的个体最终状态都为 $s_i = -1$。而达到最终一致状态的时间标度为 $\lg N$。群组的大小 $r$ 并非固定的，$r$ 的变化将导致阈值 $p_c$ 在 [0,1] 范围内变化。如果 $r$ 为奇数，则 $p_c = 1/2$；如果 $r$ 为偶数，则 $p_c < 1/2$。特别地，当 $r = 3$ 时，依照 Galam 模型的更新规则，从第 $n$ 层选出的第 $n+1$ 层中包含一个状态为 $s_i = +1$ 的概率为

$$p_{n+1} = p_n^3 + 3p_n^2(1 - p_n) \qquad (6\text{-}5)$$

上式存在三个不动点 $p_c = 0, 1/2, 1$，其中，$p_c = 0$ 和 $p_c = 1$ 是两个稳定不动点，分别表示系统中完全不存在态度 $s_i = +1$ 和只存在态度 $s_i = +1$ 两种极端情况；$p_c = 1/2$ 是一个不稳定不动点，当以任意 $p_0 \neq p_c = 1/2$ 的初始概率为出发点，最终系统的所有个体将会收敛到初始时大多数的状态 [201]。

Galam 进一步详细分析了 G 模型在舆论演化过程中的情况，给出了全局公共偏好 $k$ 与临界支持率 $p_c$ 之间的关系 [202]，特别地，当 $r = 4$ 时：

$$p_c = \frac{(6k-5) + \sqrt{13 - 36k + 36k^2}}{6(2k-1)} \qquad (6\text{-}6)$$

由此可知，当 $k = 0$ 时，$p_c \approx 0.23$，即如果全局公共偏好完全倾向于态度 $s_i = +1$，则初始时只要状态 $s_i = +1$ 的比例大于 0.23，那么舆论最终就将导向

于此；当 $k=1$ 时，$p_c \approx 0.77$，即如果全局公共偏好完全倾向于态度 $s_i = -1$，那么要使最终的舆论导向 $s_i = +1$，初始时其比例则必须大于 0.77。

可以将全局公共偏好的临界值 $k_c$ 表示为初始比例 $p_0$ 的函数：

$$k_c = \frac{-1 + 5p_0 - 3p_0^2}{6p_0(1 - p_0)} \qquad (6-7)$$

从中可以看出，给定初始比例 $p_0$ 的条件下，全局公共偏好将会显著地影响舆论的最终演化方向。

以 Galam 模型为基础的多数规则（majority rule）模型发展很快，应用也非常广泛，成为了舆论传播演化研究中一类重要的理论模型。Chen 等将 Galam 模型扩展到了三态或者多态情形 [203]；Majority-Minority 模型中个体的态度则按照一定的概率由局域内邻居节点的多数意见或少数意见来决定 [204]；Panic 模型则运用分子动力学的理论和方法模拟了一种极限情况，其中个体的态度是部分根据自身的意见，再由多数意见进行更新 [205]；文献 [206] 基于多数规则模型，研究谣言传播过程，将人员划分为大小不固定的组，每组人员的态度由这一组内相互作用下的多数意见或少数意见来决定，最终能够成功扩散的谣言通常都迎合了社会的某种全局偏好；文献 [208] 考虑叛逆者和顽固派同时存在的情况，研究两种特殊个体同时存在时更为复杂的舆论演化过程。

## 6.5　Voter 模型

Voter 动力学最初是在考虑物种竞争问题中提出的，然后由 Holley 和 Liggett 命名为 Voter 模型，即投票者模型 [171]。Voter 模型的演化规则非常简单，初始时系统中每个个体都具有态度 $s_i = \pm 1$。在每一演化步，个体 $v_i$ 随机的选择邻居中的一个个体 $v_j$，并且选取这个邻居的态度作为自己的态度，即 $s_i = s_j$。其中，个体仅在平均意义上被周围大多数观点所影响，而每个个体只是受其所选择的一个邻居个体的直接影响，因此系统最后的结果具有较大的波动。研究表明，Voter 模型与粗粒化过程具有相似性，即从初始的无序状态开始演化，都会增加系统的有序性 [209]。

在系统规模 $N$ 有限的情况下，系统最终会演化为一致相，即所有个体的状态 $s_i = +1$ 或 $s_i = -1$。但是在系统规模 $N$ 无限或在维度大于 2 的规则网格上，Voter 模型无法演化为一致相，系统达到稳定态的驰豫时间为 $\mu \sim N$。进一步研究发现，在规则网格上，无论初始时系统的状态构型如何，在经过了演化平均后状态$s_i = +1$的平均比例$p(t)$是不变的常数。随后 Suchecki 等人发现，在随机网络上的$p(t)$不守恒，但是其加权形式依然守恒：

$$\tilde{p} = \sum_k \frac{kP(k)}{\langle k \rangle} p(k) \qquad (6\text{-}8)$$

式中：$p(k)$为网络中连接度为$k$的节点中状态$s_i = +1$的比例[210]。

Sood 和 Redner 进一步研究了无关联复杂网络上的 Voter 模型，发现在有限规模的网络上，系统达到稳态的驰豫时间也是有限的[211]。当节点度分布为二阶矩收敛时，$\mu \sim N$；当节点度分布为$P(k) \sim k^{-3}$时，$\mu \sim N/\ln N$；当节点度分布为$P(k) \sim k^{-\gamma}$且幂律指数为$\gamma > 3$时，$\mu < N$。

Voter 模型对真实舆论传播演化过程的描述显得比较粗糙，但它却是少有的能在任意维度得到精确解的非平衡随机过程，因此 Voter 模型的许多性质也被广泛地研究。文献[212]把 Voter 模型和零度 Glauber 动力学模型以及 Ising 模型进行了比较；文献[213]扩展 Voter 模型到三态以及多态的情况并与 Potts 模型进行了比较；文献[211]考察了无标度网络上的 Voter 模型演化动力学行为，发现在经历局部观点统一后，系统最终能够达到全局统一；文献[214]研究了小世界网络拓扑结构对 Voter 模型演化动力学的影响；文献[215]基于 Voter 模型建立了观点与拓扑同时演化的动态适应网络模型，发现拓扑和观点最终会统一为相同的子集团，即连接紧密的节点都持有相同的观点。

## 6.6　多维观点模型

以 Deffuant 模型和 KH 模型为代表的有限信任模型是在观点接近的个体之间才进行意见的交互，并且所考察的观点为标量，即一维观点。Fortunato 等则在 KH 模型的基础上，研究了矢量观点下的舆论演化过程，创建了多维观点模型[172]。

多维观点模型以一个二维矢量$S = (x, y)$来表示个体的状态，其中分量$x$和$y$分别取$[0,1]$范围内的任意实数。个体之间观点的连续分布用函数$P(x, y, t)$表示，$P(x, y, t)\mathrm{d}x\mathrm{d}y$就表示观点在$[x, x+\mathrm{d}x]$和$[y, y+\mathrm{d}y]$区间之内的个体。多维观点模型引入了一个亲和力（affinity）的概念来描述系统中个体间的亲密程度。个体的观点矢量的分量越相互接近，则个体间的亲和力越大。此时，将有限信任的规则定义如下：当个体间的亲和力大于某一阈值，即观点矢量的所有分量都分别接近时，个体间才能相互作用。依据以上规则的说明，多维观点模型采用了正方形区间和圆形区间这两种置信区间。

在矢量观点的情况下，可以得到观点分布函数的速率方程：

$$\frac{\partial P(x,t)}{\partial t} = \int_0^1 \mathrm{d}x_1 P(x_1,t)\left(\delta\left(x - \frac{\int_{\Omega(x_1)} \mathrm{d}x_0 x_0 P(x,t)}{\int_{\Omega(x_1)} \mathrm{d}x_0 P(x,t)}\right) - \delta(x - x_1)\right) \qquad (6\text{-}9)$$

Fortunato 等通过求解速率方程的数值解，得到了以下结论：如果考虑观点矢量所有分量方向上的观点分布，那么系统最终持有不同观点的子集团的数量与 KH 模型等一维观点动力学模型产生的子集团的数量相同。另外，一般情况下，最终观点子集团的中心区域将形成一个规则的正方形结构，但在一些特定的信任边界值情况下，将会出现圆形区域的结构。因为在圆的直径等于正方形的边长的条件下，圆形区域的面积小于正方形区域的面积，所以圆形置信区间下的阈值略大于正方形置信区间下的阈值。

通过对二维观点的研究发现，系统的演化过程并不会因为矢量观点动力学而发生明显的改变[216]。这说明虽然 S 模型、D 模型、KH 模型和多维观点模型等对真实的舆论传播演化机制进行了高度的简化处理，但是依然可以有效地反映某些舆论传播演化的特性和规律。

## 6.7　复杂网络传播扩散模型

上述的舆论传播演化模型都是在随机网络或规则网络上建立的，但是随着无标度特性和小世界效应等复杂网络拓扑属性的发现，致力于研究舆论传播演化的学者们把更多的研究精力投入到了复杂网络的领域。复杂网络传播动力学的研究包括病毒在人群中的传播以及谣言、舆论等主体在网络上的传播扩散，这些传播过程一般情况下都可以借助病毒的传播机理来加以描述[217]。目前已经有多种病毒传播模型被提出，其中 SI、SIS 和 SIR 三种经典模型的应用最为广泛，人们对这三种模型的研究也最为透彻。其中，S（suspected）代表易受感染状态，I（infected）代表感染状态，R（recovery）代表从感染状态恢复到正常状态，即免疫状态。

2001 年，Pastor–Satorras 和 Vespignanit 首次探讨了复杂网络，特别是无标度网络上病毒传播行为，建立了 SI 模型[218]。在 SI 模型中，群体分为两类：易感者 S 和传染者 I。分别用 $s(t)$ 和 $i(t)$ 表示群体中个体处于 S 状态和 I 状态的比例，$s(t)+i(t)=1$。单位时间内，传染者以概率 $\beta$ 独立传染一个易感者。SI 模型的微分动力学方程为

$$\begin{cases} \dfrac{\mathrm{d}s(t)}{\mathrm{d}t} = -\beta i(t)s(t) \\[2mm] \dfrac{\mathrm{d}i(t)}{\mathrm{d}t} = \beta i(t)s(t) \end{cases} \tag{6-10}$$

SI 模型主要用来描述病毒暴发早期阶段的传播动力学行为，研究发现大规模无标度网络上病毒传播不存在非零阈值。这表明控制无标度网络上病毒传播具有相当大的难度，但是如果在早期阶段对病毒传播加以控制，仍然能够获得较好的效果。Barthelemy 等详尽地研究了 SI 模型中病毒的传播特性，发现传播的动力学结构是具有层次性的，即传播总是先从度大的节点开始，然后再逐层到度小的节点[219]。

Pastor–Satorras 和 Vespignanit 在 SI 模型的基础上，进一步建立了复杂网络上病毒传播 SIS 模型，并通过数值模拟和平均场理论分析了无标度网络上病毒传播的特性[220]。在 SIS 模型中，人群依然如同 SI 模型划分为易感者 S 和传染者 I 两类，但是传染者有概率 $\gamma$ 可以自己痊愈而重新成为易感者。SIS 模型的微分动力学方程为

$$\begin{cases} \dfrac{\mathrm{d}s(t)}{\mathrm{d}t} = -\beta i(t)s(t) + \gamma i(t) \\[2mm] \dfrac{\mathrm{d}i(t)}{\mathrm{d}t} = \beta i(t)s(t) - \gamma i(t) \end{cases} \tag{6-11}$$

在 ER 随机网络和 WS 小世界网络等均匀网络上，每个节点的度大体上相等，因而每个节点传播病毒以及被病毒所感染的机会均等，可以用平均度 $\langle k \rangle$ 来近似代替节点度 $k$。定义 $\lambda = \beta/\gamma$ 为有效传播率，不失一般性，假定 $\gamma = 1$。不考虑节点度 – 度相关性以及节点增减的变化。令 $\rho(t)$ 表示时刻 $t$ 网络中感染节点的密度，则 $\rho(t)$ 满足下列动力学方程

$$\frac{\mathrm{d}\rho(t)}{\mathrm{d}t} = -\rho(t) + \lambda \langle k \rangle \rho(t)[1-\rho(t)] \tag{6-12}$$

设 $\rho$ 为 $\rho(t)$ 稳态时的感染节点密度，则由稳态条件 $\mathrm{d}\rho(t)/\mathrm{d}t = 0$ 可得

$$-\rho + \lambda \langle k \rangle \rho(1-\rho) = 0 \tag{6-13}$$

解上式可得均匀网络的传播临界值为 $\lambda_c = 1/\langle k \rangle$。这说明在均匀网络中存在一个非零的传播临界值，当 $\lambda > \lambda_c$ 时，病毒能够在网络中广泛传播并长期

存在下去；当$\lambda < \lambda_c$时，病毒将以指数速度快速消亡。

在 BA 无标度网络等非均匀网络上，由于节点度值的差异较大，节点接触感染节点的概率同样也相差较大。Pastor-Satorras 等将网络中的节点按照度值的大小进行分类，建立了非均匀网络上的 SIS 动力学方程：

$$\frac{\mathrm{d}\rho_k(t)}{\mathrm{d}t} = -\rho_k(t) + \lambda k \left[1 - \rho_k(t)\right] \Theta_k(t) \tag{6-14}$$

式中：$\rho_k(t)$为时刻 $t$ 网络中度为 $k$ 的节点中感染节点的密度，$\Theta_k(t)$为网络中度为 $k$ 的节点任意给定的一条边与一个感染节点相连接的概率。考虑到网络的非均匀性和节点度的无关联性，$\Theta_k(t)$可以表示为

$$\Theta_k(t) = \frac{1}{\langle k \rangle} \sum_k kP(k)\rho_k(t) \tag{6-15}$$

设$\rho_k$为$\rho_k(t)$稳态时的感染节点密度，则由稳态条件$\mathrm{d}\rho_k(t)/\mathrm{d}t = 0$可得

$$-\rho_k + \lambda k(1 - \rho_k)\Theta(k) = 0 \tag{6-16}$$

解上式可得非均匀网络的传播临界值为$\lambda_c = \langle k \rangle / \langle k^2 \rangle$。在幂律指数满足$2 \leqslant \gamma \leqslant 3$的无标度网络中，当网络规模为$N \to \infty$时，$\langle k \rangle$是收敛的，而$\langle k^2 \rangle \to \infty$，所以$\lambda_c \to \infty$。这说明在无限的非均匀网络中不存在传播临界值，即使有效传播率$\lambda$非常小，病毒也能够在网络中传播。图 6-1 描述了均匀网络和非均匀网络中节点的感染密度$\rho$与有效传播率$\lambda$之间的关系 [221]。

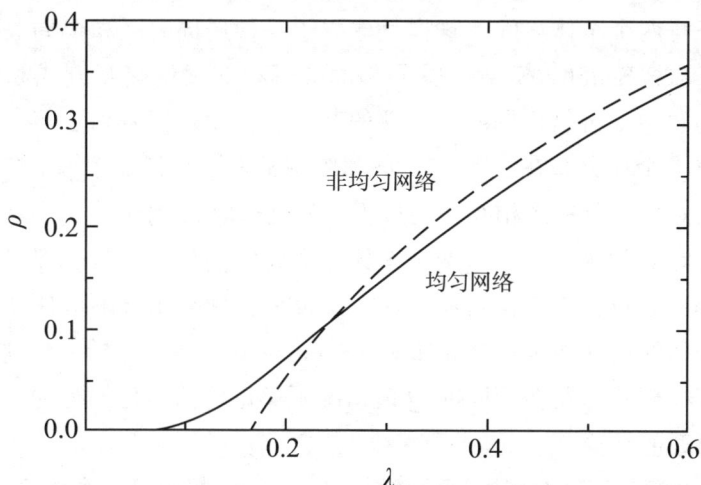

图 6-1　节点的感染密度$\rho$与有效传播率$\lambda$之间的关系

在 SIR 模型中，群体分为三类：易感者 S、传染者 I 和免疫者 R。分别用 $s(t)$、$i(t)$ 和 $r(t)$ 表示群体中个体处于 S 状态、I 状态和 R 状态的比例，$s(t)+i(t)+r(t)=1$。单位时间内，传染者以概率 $\beta$ 独立传染一个易感者，而感染者以概率 $\delta$ 被治愈或者死亡而成为免疫者。SIR 模型的微分动力学方程为

$$\begin{cases} \dfrac{\mathrm{d}s(t)}{\mathrm{d}t} = -\beta i(t)s(t) \\ \dfrac{\mathrm{d}i(t)}{\mathrm{d}t} = \beta i(t)s(t) - \delta i(t) \\ \dfrac{\mathrm{d}r(t)}{\mathrm{d}t} = \delta i(t) \end{cases} \qquad (6\text{-}17)$$

Moreno 等对均匀网络和非均匀网络上的 SIR 模型做了与 SIS 模型类似的研究，得到的结论也和 SIS 模型的情况类似[222]。在均匀网络上，SIR 模型存在一个正的传播临界值 $\lambda_c = 1/\langle k \rangle$，而在非均匀网络上模型的传播临界值为 $\lambda_c = \langle k \rangle / \langle k^2 \rangle$，具体的情况与 SIS 模型类似，在此不作赘述。

## 6.8 其他舆论传播演化模型

Schulze 等在 Sznajd 模型的基础上提出了一个基于局部与全局邻居的舆论演化模型[223]。为了使舆论的影响关系与实际情况更加吻合，该模型规定个体间的相互作用不仅可以发生在互为邻居的个体之间，还可以发生在系统中任意两个个体之间，这样就建立了一种局部关联和全局关联相结合的混合模式。Schulze 模型扩展了 Sznajd 模型的舆论交互方式和范围，使个体间的联系不再仅仅局限于相邻的节点间，而是扩展到了整个系统。模型假设 $N$ 个个体分布在一个 $L \times L$ 的二维网格上，并且定义每个个体存在 $Q$ 种可能的观点。每一次相互作用过程，随机选取 $M$ 对个体，当且仅当成对个体持有相同的观点时，这两个个体才会使它们相邻的四个邻居个体与其持有相同的观点，否则保持原来状态。模型分别采用有限信任和广播模式来确定个体的局部邻居和全局邻居。Schulze 等进一步分析了分别采用有限信任和广播模式以及在不同的 $Q$ 值情况下舆论传播演化的行为，得出了一些十分重要的结论。

Nowak 等基于社会影响理论（social impact）提出了一个舆论演化模型，简称 NSL 模型[224]。社会影响理论是统计物理学和社会学中的重要概念，认为可以通过一个由群体的社会直接性、强度、群体中个体总量所构造的乘性

函数来表示社会群体对个体的影响。NSL 模型考虑一个由 $N$ 个个体组成的系统，每个个体的观点为 $s_i = \pm 1$，同时具有两个强度参数，分别是支持强度 $q_i$（与持有相同观点的个体相互作用的强度）和说服强度 $p_i$（与持有相反观点的个体相互作用的强度）。由此，舆论演化的动态方程为

$$\sigma_i(t+1) = -\mathrm{sign}(\sigma_i(t)I_i(t) + h_i) \tag{6-18}$$

式中：$h_i$ 为系统的随机噪声；$I_i$ 为作用于个体 $v_i$ 的社会影响，是所有其他个体对 $v_i$ 影响的总和，正影响来自持相反观点的个体，负影响来自持相同观点的个体。$I_i$ 可以表示为

$$I_i(t) = I_p \left( \sum_{j=1}^{N} \frac{t(p_j)}{g(d_{ij})} \left(1 - \sigma_i \sigma_j\right) \right) - I_q \left( \sum_{j=1}^{N} \frac{t(q_j)}{g(d_{ij})} \left(1 + \sigma_i \sigma_j\right) \right) \tag{6-19}$$

式中：$I_p$ 和 $I_q$ 为影响形成函数，$g$ 为个体间的距离 $d_{ij}$ 的增函数，$t$ 为强度尺度函数。另外定义参数 $\beta = 1/g(d_{ii})$ 为自我支持强度。

对 NSL 模型的仿真研究表明，系统演化很可能出现观点的成团和极化现象。当有随机噪声存在时，观点子集团会先保持一段时间的稳定，然后突然快速收缩到其他一些子集团的少数状态上，最后再继续保持相对更长一段时间的稳定，通常称这种现象为系统状态的亚稳定。如果噪声没有边界限定，那么唯一的全局稳定状态便是观点的统一。

文献 [225] 在 Deffuant 模型等粒子交互模型的基础上，以博弈论作为模拟个体间相互作用的机制，通过改变博弈策略，建立起了一系列舆论演化模型。在模型中每个个体有两个表示参数，分别是改变观点的倾向度和说服他人的能力，因此也可称此模型为顽固者和演说家模型。研究发现，系统中的个体无论是只与邻居节点交互还是可以与系统中任意一个个体交互，在模型参数是一致分布的条件下，系统最终都可以演化到统一观点。

以 Sznajd 模型为代表的粒子交互模型显得过于粗糙，模型中粒子所表示的个体缺乏差异性，相互作用过于标准化和机械化，显然不能很好地描述现实世界中舆论的演化过程。文献 [226] 考虑到现实社会中有些个体具有较强的领导能力，建立了一个具有领导者的舆论演化模型。文献 [227] 发现系统中个体对于舆论接受的程度不同，有些人思想保守，不易接受他人的观点，而有些人思想偏激，容易产生极端思想。考虑到这些明显的差异性，学者们分别建立了具有顽固者和叛逆者、真理追求者以及极端者的舆论传播演化模

型。文献 [228] 研究发现，在任何拓扑结构上，意见领袖对系统统一观点都具有重要作用，个体的观点很大程度上受意见领袖的影响。

田兴玲和刘慕仁等注意到在现实社会的舆论传播过程中，总是存在着各种内在和外在的噪声，它们有时会干扰、阻碍甚至扭曲舆论传播的重点和内容，因此有必要研究噪声因素对舆论传播的影响 [229]。他们在 Sznajd 模型的基础上建立了一个基于噪声因素的舆论传播模型，发现由于噪声的存在，个体观点的改变具有了一定的随机性，最终导致系统不再产生终态吸引子，并且显著地改变了关联函数的图形和决定时间的分布，而弛豫时间则完全消失。

苏俊燕和孔令江等考虑了社会网络中人际关系的亲密程度存在差异的情况，建立了一个加权网络上的舆论演化模型 [230]。研究结果清楚地表明，人际关系的亲密程度差异、人员自信度的增加以及系统噪声的存在都会在总体上影响系统统一观点的形成。

文献 [231] 利用一个 Multi-Agent 平台将随机运动下的话题传播过程和复杂网络中蜂拥运动下的意见演化过程有机地结合在一起，构造了一个完整的舆论传播与演化模型 TTOE（topic transmission and opinions evolution model）。在不同的模型环境下，对于不同特性的 Agent 所产生的干涉、引导效果进行实验分析，考察了特殊个体对于系统动力学特性所产生的影响。研究发现，该模型有效继承了动态有限信任模型中的几个常见特征，并且具有比传统有限信任模型更为强大的非线性特性。

文献 [232] 考虑了周期边界条件下二维网格的两种邻域情况，一种是仅考虑最近邻影响的 Von Neumann 邻域，另一种是还考虑了次近邻影响的 More 邻域，按少数服从多数的演化规则，提出了舆论传播的元胞自动机模型。仿真实验表明，尽管系统的初始态具有不同的赞同率，但是最终都会演化为相应的稳定态，不同的初态赞同率会导致稳定态的赞同率处于不同的相，而各相存在的参数区间则因影响邻域的不同而不同。文献 [233] 通过计算机模拟了网络舆论传播过程中个体发表的言论数量及个体观点的变化情况，建立了一个基于元胞自动机的网络舆论激励模型。在此模型中，用情感元胞作为网络中个体的抽象表示，并应用情感倾向度和倾向度阈值来确定元胞的舆论状态，以情感激励机制来描述元胞的移动规则。同时，为了更加准确地还原现实世界中的网络舆论事件，该模型还将个体数量的变化以及社会突发事件等对网络舆论传播产生影响的因素也考虑在内。

文献 [234] 考虑了在恒定外场 $\varphi_0$ 和节点惯性 $e^{\gamma k_i}$ 等演化序参量制约影响下的舆论演化过程，提出了网络结构和舆论演化相互适应的无标度网络舆论演化模型。研究发现，在外场和节点惯性作用下，系统中的度分布经过时间演化后逐渐偏离典型的幂律分布。同时随着时间的演化，舆论分布会出现明显的趋同现象，这种现象的产生不仅与外场本身的强度有关，还与该节点本身的惯性因子有关。研究还表明，通过调节惯性因子和外场大小可以控制舆论总数的变化，甚至还可以控制变化的快慢。

# 第7章 基于复杂网络的谣言传播模型

自从人类文明诞生以来，谣言就作为人类社会的一种独特现象，对人们的社会生活产生了巨大的影响。著名的社会学家卡普费雷曾说："谣言是最古老的大众传播媒介。"[235] 所谓谣言，通常是指在社会中出现并流传的，其真实性未经当事人或官方公开证实，或者已经被相关证据或权威机构所辟谣的信息 [235]。巢乃鹏等认为"谣言是指在特定环境下，以公开或非公开渠道传播的对公众感兴趣的事物、事件或问题的未经证实的阐述或诠释"[236]。一般而言，谣言具有非官方性、无根据性以及未证实性等特质。具体来说，谣言的本质是一种未经证实的信息，但是未经证实并不意味着谣言就一定是虚假的或捏造的，也就是说谣言也有可能是真实的。谣言未经证实的原因有很多：其一是信息本身就是不可证的；其二是相关机构或个人的能力有限，收集到的信息不足以证实；其三是有可能当事人本就不愿去证实。

随着信息化时代的到来，谣言的传播手段更加多样化，传播范围更加广泛，传播速度更加迅捷，影响力和破坏力也更加巨大，尤其是在一些危机事件和紧急事件中，谣言对社会秩序和国家稳定的影响是不可低估的 [237]。因此，对于谣言传播机理的研究非常重要，已成为社会科学和自然科学不同领域共同关注的课题。

## 7.1 影响谣言传播的因素

谣言在产生和传播的过程中受到很多方面因素的影响，有些影响大，有些影响小，有些促进和加快谣言的传播，有些则抑制传播的速度和传播范围扩大的趋势。不同的谣言在不同的外部环境下会表现出不同的传播特性，因此很难对影响谣言传播的因素进行一个标准统一的界定。本节试图从宏观上对影响谣言传播的诸多因素进行一定的探索和分析。

第一个重要的影响因素自然是谣言本身的内容和涉及的领域。社会上有形形色色的谣言，但是传播最多的、影响范围最大的往往是一些和公众社会生活联系最密切的话题。例如，"四川柑橘生虫"的谣言、"南方西瓜注射膨大剂"的谣言、"烤瓷牙致肾病"的谣言等都是食品安全和健康生活这些最被老百姓所关切的领域里的谣言。

第二个影响因素就是谣言传播的受众。谣言无论以何种形式何种内容来传播，最终要影响的还是听到和看到谣言的人们。相同的谣言对于不同的受众群体，其传播特点和传播效果会产生非常大的差别。比如，一条关于"太阳中微子爆发毁灭地球"的谣言，它如果在具有较高受教育程度或者是相关研究领域的科学家群体中传播的话，应该很快就会成为一个笑话而被忘掉；但是如果在一般大众尤其是一些受教育水平较低的人群中传播，那么它很可能会被视为一个真实的灾难而引起大众的恐慌。

第三个影响因素是谣言传播的媒介。在工业化进程到来之前，谣言的传播大多通过人与人之间口耳相传的方式，以这种传播媒介传播的谣言传播速度和影响范围自然相对较小。随着信息化的快速发展，人们交流的方式发生了翻天覆地的变化，网络、手机、论坛、博客、微博、微信等信息传递工具和软件的出现都为谣言的快速、广泛、深入的传播提供了非常有利的条件。谣言的传播媒介呈现出多种多样的新特性。

第四个影响因素是时间因素。不同的时期会产生不同的谣言，同一个谣言在不同时期的传播效果也会不同。比如，若干年前被热炒的"2012 世界末日"的谣言，随着谣言中所"预言的末日期限"的平安度过，这个谣言自然也不攻自破，再也没有人会继续相信和传播。再如，在发生较大地震之后，社会上总会流传一些地震谣言，但是随着时间的推移，这些谣言一般也会很快消亡。

第五个影响因素是地域因素。不同地域的自然环境以及社会环境都会有较大的差异，因此有些谣言在不同地域的传播效果也会具有很大的差异性。比如，在一个南方城市出现了一条关于城市用水被污染的传言，这个城市的居民自然会格外关注，谣言也会较快地在人群中扩散，但是居住在另一个较远的北方城市的居民可能就不太会积极地获取相关的信息以及传播此谣言给他人。

第六个影响因素是政治、经济、文化等社会因素。谣言作为一种特殊的社会话题和社会舆论，很大程度上受到政治、经济、文化等因素的影响和制约。比如，"藏独""疆独"等危险分子散布一些破坏祖国和平稳定的谣言，以期达到他们险恶的政治目的。一些西方国家由于政治、经济等因素也时不时地抛出所谓的"中国威胁论"，用以获得自身的利益。还有一些明星的绯闻传言，正是因为存在不健康的影视文化和粉丝文化，才会在社会上广泛流传。

第七个影响因素是对谣言的防控力度。事实证明，对谣言有效的防控可以很明显地影响谣言的传播。比如，之前一条关于"近地小行星可能撞击地球"的谣言出现的第一时间，政府的权威部门就在公开媒体上对公众进行了科学的讲解和有力的辟谣。这样，此谣言很快就消亡于政府权威部门对公众认知的正确引导中了。

其实，影响谣言传播的因素远远不止以上提到的这些。这些因素对谣言传播的影响也不是单一和绝对的，而是一个多种因素相互交织、相互作用，在谣言传播的整个进程中不断发展变化的过程。以日本核电站泄漏事故导致的"抢购食盐防止核辐射"的谣言为例：在谣言内容上来说这是一个典型的关乎人们生命安全的话题，因此会引起人们的广泛关注和传播；相信和传播此谣言的受众普遍都是一些没有认识清楚事件的真相，甚至没有认真去思考一下的民众；这个谣言通过网络和手机短信等媒介迅速在社会上传播；此谣言出现的时间和地域有很强的局限性，时间上暴发于日本地震后造成的核泄漏事故之后很短的时间内，在地域上主要的传播范围就是日本和与日本相邻的中国沿海等地区；一些商家和个人为了牟取经济利益，也在谣言传播中推波助澜；最后在政府部门的辟谣和媒体的正确宣传引导下，此谣言被攻破。

## 7.2 谣言传播模型

对谣言比较系统科学的研究始于 Knapp，他收集了二战时期的 1 000 多条谣言信息，对其根据内容和目的进行了系统分类。此研究仅仅是基于对谣言语义的研究，但为以后相关谣言的理论研究奠定了重要的基础[238]。20 世纪 60 年代末，数学家 Daley 和 Kendal 最早研究了谣言传播现象，并提出了谣言传播的数学模型（简称为 DK 模型）[239]。DK 模型把谣言影响范围内的个体根据其影响效果分为三类，假设每种状态之间的转换概率服从一定的数学分布，并借助随机过程的方法研究谣言的传播过程。DK 模型是数学上的高度抽象，有很好的逻辑严密性，但是它对于真实的传播过程的描述是非直观的，并且模型很难求解。Watts 和 Strogatz 提出的小世界（small-world）网络模型，以及 Barabási 和 Albert 提出的无标度（scale-free）网络模型使复杂网络成为谣言传播研究的最主要的理论基础 [14,17]。Zanette 首先利用复杂网络理论进行了谣言传播的研究，并在小世界网络上运用平均场的理论建立了谣言传播模型 [240,241]。研究指出，随着种群数量趋于无穷，从未听说过谣言的人数比例会稳定在一个均值，约为 0.204，同时证明了谣言在均匀网络中的传播并不存在非零临界值。Moreno 等则在无标度网络上建立了谣言传播模型，通过随机分析的理论方法和计算机仿真实验发现，最终免疫者的数量与感染概率 $\alpha$ 密切关联，但与传播源的度值大小无关 [242]。Nekovee 等研究了真实社会网络中的谣言传播理论，得到了无标度网络上的初始谣言传播率高于随机网络的重要结论 [243]。国内学者汪小帆等基于 Moreno 模型进一步研究了无标度网络上具有幂率形式的度分布以及可变群集系数的谣言传播行为，仿真实验表明可以通过增大网络群集系数来有效抑制谣言的传播 [244]。Axelrod、Kasperski 以及刘慕仁等学者对于社会舆论传播模型的研究也都为谣言传播的研究提供了有益的借鉴 [245,246,232]。下面简要介绍几类具有代表性的谣言传播模型。

## 7.2.1　DK 模型

Daley 和 Kendal 提出了经典的 DK 模型用于描述谣言的传播过程 [239]。DK 模型运用随机过程的方法解决谣言传播问题，把谣言传播的参与者分为不同的三类。假设在初始条件下（$t=0$ 时刻），有 $X(0)=N$ 个人从没有听说过这个谣言（susceptible），有 $Y(0)=1$ 个人传播谣言（infected），还有 $Z(0)=0$ 个人已经听说过此谣言。那么，在 $t \geq 0$ 时，$X(t)+Y(t)+Z(t)=N+1$。DK 模型的马氏链 $\{X(t),Y(t) \geq 0\}$ 在连续时间下的转移概率为

$$\rho_{xy}(t) = P\{X(t)=x, Y(t)=y \mid X(0)=N, Y(0)=1\} \tag{7-1}$$

此转移概率满足动力学方程：

$$
\begin{cases}
\dfrac{\mathrm{d}\rho_{xy}}{\mathrm{d}t} = (x+1)(y-1)\rho_{x+1,y-1} + (N-x-y)(y+1)\rho_{x,y+1} \\[2mm]
+ \dfrac{(x+1)(y+1)}{2}\rho_{x,y+1} - y(N-\dfrac{y-1}{2})\rho_{xy}, x \in [0,N], y \in [0,N] \qquad (7\text{-}2) \\[2mm]
\rho_{xy} = 0, x \in [0,N], y \in [0,N]
\end{cases}
$$

DK 模型是对谣言传播行为的数学表示，因此具有高度的抽象性和严密的逻辑性，但是它对过程的描述是非直观的，不能很好地符合真实的谣言传播情况，并且模型建立的方程是不可求解的。

### 7.2.2　Potts 模型

文献 [247] 提出用一种定量化的方法研究简单谣言在传播过程中发生的语义变化，利用数理逻辑中具有普适量化词的简单命题来表示一句简单谣言，从而定义了命题空间的概念以确定谣言语义的几何表示，同时确定了由胆小的谣言传播者改变语义时谣言在命题空间的转移。在信息熵最大的情况下，谣言在传播中的语义变化可以由 Potts 链给出。因此，应用物理学中的相变理论研究谣言传播问题，由改进的 Potts 自旋系统量化谣言的传播过程，以此建立起谣言传播的 Potts 模型。文献 [248] 进一步精确求解了自发谣言 Potts 模型，发现此时谣言传播具有一级相变。谣言强度与系统的等效温度 $\beta$ 有关，只有当 $\beta$ 大于临界温度时，谣言才会产生。谣言一旦产生，其强度有一最小的非零值，由系统一级相变的潜热决定。另一种更普遍的情况是谣言初始命题的个体数为 $N_0$ 时非自发谣言模型的解，当 $N_0$ 为零时，退化为自发谣言模型；当 $N_0$ 较小时，系统有一级相变；当 $N_0$ 较大时，系统有二级相变。谣言强度不仅与系统的等效温度 $\beta$ 有关，还与谣言初始命题的个体数 $N_0$ 有关。

此外，文献 [249] 根据 Potts 自旋系统的自旋组态数和配分函数，分别计算了该系统在正则系综和微正则系综下的热力学函数自由能和熵。通过对热力学函数的连续性的分析，可以得到在正则系综和微正则系综下 Potts 自旋系统的相变情况。结果表明，在正则系综下，系统具有连续的自由能，但是在有效温度区域内自由能的一级偏导数（熵）总是有一个不连续点存在，由此导致谣言系统存在一级相变。在微正则系综下，系统在整个能量区域内都具有连续的熵，因此谣言系统不存在一级相变。由此可知，正则和微正则系综对该系统相变级数的描述是不等效的。

### 7.2.3　元胞自动机模型

元胞自动机是一种具有物理图像清晰、完全并行、无截断误差等优点的离散化的数学模型，近年来已成为研究非线性复杂系统的有力工具。文献[250] 详细介绍了基于元胞自动机的流言模型，把流言传播中的相信概率、遗忘概率、多数规则等因素加入二维网格的元胞自动机模型中，较为真实地模拟了流言通过个体之间的局部交互而进行传播的过程。

元胞自动机流言模型的元胞空间是二维网格，每个单元格就是一个元胞，代表一个个体。每个元胞有两种颜色，表示两种状态，如白色表示不相信流言，黑色表示相信流言。若元胞为白色，而它的 More 邻域中有邻元为黑色，则该元胞从白色变成黑色；若元胞为白色，而它的 More 邻域中没有邻元为黑色，则该单元格保持白色不变。按照这个规则更新元胞的状态，直到系统到达稳定状态或者预设的演化时间。

基于元胞自动机的流言传播模型，可以从宏观上对谣言整体的社会行为进行把控，还可以从微观上细致研究个体的交互行为，因此能够比较全面地模拟真实的谣言传播过程。元胞自动机模型具有个体状态和交互规则比较简单这一显著特点，但同时这也成为其最明显的不足之处。

### 7.2.4　Zanette 小世界网络模型

Zanette 最早研究了小世界网络上的谣言传播行为 [240,241]，采用 SIR 模型把小世界网络中的节点分为了易感状态（S）、感染状态（I）和免疫状态（R）三类，$N_S$、$N_I$和$N_R$分别对应谣言易染、感染、免疫的人群数量。谣言传播的规则如下：在初始阶段网络中只有一个节点处于感染状态；在随后的每个时间步，随机地选择一个谣言感染者，再在此谣言感染者的连接节点中随机选择一个节点；如果这个节点处在易感状态，则其变为感染状态；如果这个节点处于感染状态或免疫状态，则感染者变为免疫状态。Zanette 用平均场理论建立了方程：

$$\begin{cases} N_\mathrm{S} = -N_\mathrm{S} \dfrac{N_\mathrm{I}}{N} \\[3mm] N_\mathrm{I} = N_\mathrm{S} \dfrac{N_\mathrm{I}}{N} - N_\mathrm{I} \dfrac{N_\mathrm{I} + N_\mathrm{R}}{N} \\[3mm] N_\mathrm{R} = N_\mathrm{I} \dfrac{N_\mathrm{I} + N_\mathrm{R}}{N} \end{cases} \qquad (7\text{--}3)$$

式中：$N = N_\mathrm{S} + N_\mathrm{I} + N_\mathrm{R}$ 为网络中节点的总数。

　　研究发现，小世界网络中的谣言传播最终会导致人群分化为两部分，即听说过谣言而对谣言免疫的人和从未听说过谣言的易感人群。解上述方程可知，如果网络中的节点总数为 $N \rightarrow \infty$，那么当系统最终达到稳定状态时，人群中免疫者所占的比例约为 0.796，这说明有超过 20% 的人从未听说过此谣言。研究同时表明，当 $N_\mathrm{R}$ 的取值范围比较小时，$N_\mathrm{R}$ 和 $N_\mathrm{I}$ 与消亡时间 $T$ 之间的相关性服从幂率分布；而当 $N_\mathrm{R}$ 的取值范围比较大时，随着 $P$ 的增大，$T$ 减小，而 $N_\mathrm{I}$ 与 $N_\mathrm{R}$ 均增大，这说明谣言在整个网络上的传播具有很高的效率。

## 7.2.5　Moreno 复杂网络模型

　　Moreno 等首先在小世界网络上研究了谣言的传播行为，建立了谣言传播模型 [242]。将总数为 $N$ 的人群分为三类：未曾听说过谣言的人（igorants）、传播谣言的人（spreaders）和听到谣言但并不传播谣言的免疫者（stiflers）。并分别用 $i(t)$、$s(t)$ 和 $r(t)$ 代表这三种类型在人群中所占的比例。谣言传播的规则如下：当一个传播者把谣言告知与自己相邻的熟人时，如果对方从没有听说过此谣言，那么他将以概率 $\lambda$ 变为一个传播者；如果他早已听说过此谣言，那么就会反过来使谣言的传播者失去继续传播谣言的兴趣，而以概率 $1/\alpha$ 变为一个听说过谣言但不再传播谣言的免疫者。

　　利用平均场理论建立小世界网络上的谣言传播模型：

$$\begin{cases} \dfrac{\mathrm{d}i(t)}{\mathrm{d}t} = -\lambda \langle k \rangle i(t)s(t) \\[3mm] \dfrac{\mathrm{d}s(t)}{\mathrm{d}t} = \lambda \langle k \rangle i(t)s(t) - \alpha \langle k \rangle s(t)\big[s(t) + r(t)\big] \\[3mm] \dfrac{\mathrm{d}r(t)}{\mathrm{d}t} = \alpha \langle k \rangle s(t)\big[s(t) + r(t)\big] \end{cases} \qquad (7\text{--}4)$$

式中：$\lambda \langle k \rangle$ 为没听过谣言的易感者接触到传播者而被谣言传播的概率，$\alpha \langle k \rangle$

为传播者接触到听说过谣言的人而变为免疫者的概率。

通过求解上述方程，Moreno 等得到该小世界网络上的谣言传播模型不存在非零的传播阈值的结论。这个结论是与疾病传播的 SIR 模型或 SIS 模型不同的，在平均场理论下，SIR 模型或 SIS 模型在小世界网络上通常存在非零的传播阈值。

Moreno 等进一步将均匀网络的谣言传播模型扩展到幂率分布的非均匀网络上，研究了无标度网络上的谣言传播行为，并制定了可靠性指标（系统终态时免疫者的密度）以及时间代价指标用于衡量谣言传播的效率。研究发现，在非均匀网络上的谣言传播过程中，最终免疫者的数量 $r(t)$ 与感染概率 $\alpha$ 密切关联，但与传播源的度 $k_i$ 的大小是无关的。这与疾病传播过程中所表现出的最终的个体恢复数量与传染源连接度是密切相关的迥然不同。他们还发现，谣言在小世界网络上的传播可靠度要大于无标度网络，这也意味着均匀的网络拓扑结构要比具有 hub 节点的网络拓扑结构更加易于谣言的传播扩散。因为虽然 hub 节点具有较强的传播性能，但是它极不稳定，一旦自身出现问题或被外界破坏就会影响很大的网络范围，所以具有 hub 节点的无标度网络的传播可靠度降低。但是同时，无标度网络的传播效率却大于小世界网络，这是因为 hub 节点连接了更多的邻居节点，它显然具有更加高效的传播能力。

## 7.3　具有非一致性传播率的无标度网络谣言传播模型

谣言在社会上的传播方式与疾病在人群中的传播方式十分相似，因此可以借鉴经典的疾病传播模型构建谣言传播领域的复杂网络模型 [251]。把谣言传播所影响范围内的每个个体视为复杂网络中的节点，如果两个个体之间可以存在直接的连接途径，就认为这两个个体之间存在连接，用网络中节点间的边来表示。本节重点研究无标度网络上的谣言传播机理，因此网络节点度的分布服从幂率分布，即 $P(k) \sim k^{-\gamma}$，其中 $2 < \gamma \leqslant 3$。无标度网络是典型的非均匀网络 [22]。

### 7.3.1　谣言接受度函数

Paster 等学者通过运用 SIR 疾病传播模型对病毒在无标度网络中传播行为进行研究发现，无标度网络中传播阈值趋于 0，即只要传播率大于 0，病毒就能够在网络中传播并最终维持在一个平衡状态[252]。Moreno 等对于谣言在无标度网络上的传播也得出类似的结论[242]。以上关于无标度网络中传播阈值的研究中都隐含了一个重要的假设：节点抗感染能力一致。该假设认为，任何一个易感节点不论度的大小都具有相同的抗感染能力。由于连接度大的节点有更多的机会和被感染的节点接触，从而使其受到感染的概率也会大大增加。但是这个假设在谣言传播的过程中是不成立的，因为在实际的网络中，节点度越大的节点，往往也是网络中越重要的节点，这样的重要节点一般都是较早加入网络中的，具有更多的经验和更强的防范意识，相应地抵抗谣言的能力也就越强，因此它受到谣言影响而成为信谣者、传谣者的概率也就相应降低。也就是说，尽管度大的节点与谣言传播者接触的机会更多，但由于其自身具有较强的抗谣言的能力，因此最终被谣言传染的概率反而会低于甚至远低于网络的平均传染率。

针对以上的分析，我们引入谣言接受度函数A(k)来表示度为k的节点对于谣言的接受程度。节点的谣言接受度函数值越大，其抵抗谣言的能力就越弱，也就越容易被谣言所蛊惑而成为谣言的传播者，即谣言的传播概率就越大。

建立传播率与谣言接受度函数之间的关系：

$$\lambda(k) = CA(k) \tag{7-5}$$

式中：C为常数；$\lambda(k)$为节点度为k的节点对于谣言的接受程度，即谣言在此节点上的传播能力。不同度的节点相应地也就具有不同的谣言接受度函数值，从而导致网络中的各个节点具有不同的传播率。

可知网络的平均传播率为

$$\lambda = \sum_k \lambda(k)P(k) = C\sum_k A(k)P(k) = C\langle A(k)\rangle \tag{7-6}$$

式中：$\langle A(k)\rangle = \sum_k A(k)P(k)$，为A(k)的平均数学期望。

从式（7-6）可以得到常数C的表达式：

$$C = \lambda/\langle A(k)\rangle \tag{7-7}$$

### 7.3.2 无标度网络上的谣言传播模型

本书根据 Moreno 的谣言传播模型，把总数为 N 的人群分为三类，分别是：无知者（ignorants），即还没有听到谣言的人群；传播者（spreaders），即传播谣言的人群；免疫者（stiflers），即曾经听说过谣言，现在已经对此谣言免疫，不会再被谣言感染，并且不会成为传播者去传播谣言的人群。谣言传播的规则如下：当一个谣言传播者接触到一个无知者时，无知者以概率 $\lambda(k)$ 变为谣言传播者；谣言传播者逐渐对谣言失去兴趣和传播的欲望或者经过外界的影响而认识到了谣言的真相，以概率 $\delta$ 变成免疫者。

利用平均场理论建立无标度网络上的谣言传播模型：

$$\begin{cases} \dfrac{\mathrm{d}I_k(t)}{\mathrm{d}t} = -CkA(k)I_k(t)\Theta(t) \\[2mm] \dfrac{\mathrm{d}S_k(t)}{\mathrm{d}t} = CkA(k)I_k(t)\Theta(t) - \delta S_k(t) \\[2mm] \dfrac{\mathrm{d}R_k(t)}{\mathrm{d}t} = \delta S_k(t) \end{cases} \tag{7-8}$$

式中：$I_k(t)$、$S_k(t)$、$R_k(t)$ 分别为网络中度为 $k$ 的节点中的无知者、传播者、免疫者所占的比例。它们满足归一化条件

$$I_k(t) + S_k(t) + R_k(t) = 1 \tag{7-9}$$

不失一般性，取 $\delta = 1$。$\Theta(t)$ 表示任意给定的一条边与传播者相连的概率，在此处考虑度分布不相关的网络，因此

$$\Theta(t) = \sum_k \frac{kP(k)S_k(t)}{\langle k \rangle} \tag{7-10}$$

$I(t)$、$S(t)$、$R(t)$ 分别表示网络中各类度的节点中无知者、传播者、免疫者所占的平均比例，它们反映了谣言传播过程中节点类型变化的整体情况，是谣言传播模型要特别关注的。根据概念可得

$$I(t) = \sum_k P(k)I_k(t) \tag{7-11}$$

$$S(t) = \sum_k P(k)S_k(t) \tag{7-12}$$

$$R(t) = \sum_k P(k)R_k(t) \tag{7-13}$$

方程组（7-8）的初始化条件为 $S_k(0)=0, I_k(0)=1, R_k(0)=0$，对方程组（7-8）的第一个式子积分可得

$$I_k(t) = \mathrm{e}^{-CkA(k)\phi(t)} \tag{7-14}$$

式中：辅助函数

$$\phi(t) = \int_0^t \frac{\sum\limits_k kP(k)S_k(t)}{\langle k \rangle} = \frac{\sum\limits_k kP(k)R_k(t)}{\langle k \rangle} \qquad (7\text{--}15)$$

对 $\phi(t)$ 求导可得

$$\frac{\mathrm{d}\phi(t)}{\mathrm{d}t} = \frac{\sum\limits_k kP(k)S_k(t)}{\langle k \rangle} = \frac{\sum\limits_k kP(k)[1 - I_k(t) - R_k(t)]}{\langle k \rangle}$$

$$= 1 - \frac{\sum\limits_k kP(k)I_k(t)}{\langle k \rangle} - \phi(t) \qquad (7\text{--}16)$$

把式（7–14）代入上式可得

$$\frac{\mathrm{d}\phi(t)}{\mathrm{d}t} = 1 - \frac{\sum\limits_k kP(k)\mathrm{e}^{-CkA(k)\phi(t)}}{\langle k \rangle} - \phi(t) \qquad (7\text{--}17)$$

当 $t \to \infty$ 时，根据实际的情况可知 $S_k(t) = 0$

那么 $R_k(\infty) = 1 - I_k(\infty) - S_k(\infty)$，代入式（7–13）得到

$$R(\infty) = \sum_k P(k)(1 - \mathrm{e}^{-CkA(k)\phi(\infty)}) \qquad (7\text{--}18)$$

同时 $\lim\limits_{t \to \infty} \dfrac{\mathrm{d}\phi(t)}{\mathrm{d}t} = \dfrac{\mathrm{d}\phi(\infty)}{\mathrm{d}t} = 0$，因此可从式（7–17）得到关于 $\phi(\infty)$ 的自包

含方程 $0 = 1 - \dfrac{\sum\limits_k kP(k)\mathrm{e}^{-CkA(k)\phi(\infty)}}{\langle k \rangle} - \phi(\infty)$，即

$$\phi(\infty) = 1 - \frac{\sum\limits_k kP(k)\mathrm{e}^{-CkA(k)\phi(\infty)}}{\langle k \rangle} \qquad (7\text{--}19)$$

$\phi(\infty) = 0$ 总是方程（7–19）的一个解，要得到一个非零解，必须满足下列条件：

$$\frac{\mathrm{d}}{\mathrm{d}\phi(\infty)}\left( 1 - \frac{\sum\limits_k kP(k)\mathrm{e}^{-CkA(k)\phi(\infty)}}{\langle k \rangle} \right)\Bigg|_{\phi(\infty)=0} \geqslant 1 \qquad (7\text{--}20)$$

这就隐含着

$$\frac{\sum\limits_k Ck^2P(k)A(k)}{\langle k \rangle} \geqslant 1 \qquad (7\text{--}21)$$

将式（7-7）代入式（7-21），则可得

$$\frac{\sum_k \lambda k^2 P(k) A(k)}{\langle k \rangle \langle A(k) \rangle} \geq 1 \tag{7-22}$$

则 $\lambda \geq \dfrac{\langle k \rangle \langle A(k) \rangle}{\langle k^2 A(k) \rangle}$，由此可得传播阈值

$$\lambda_c = \frac{\langle k \rangle \langle A(k) \rangle}{\langle k^2 A(k) \rangle} \tag{7-23}$$

当谣言的传播率 $\lambda < \lambda_c$ 时，谣言不会传播而是走向消亡；当 $\lambda \geq \lambda_c$ 时，谣言将会在网络上进行大规模的传播。

### 7.3.3　BA 无标度网络上的传播阈值

以 BA 网络作为无标度网络的具体实例来考虑。BA 无标度网络模型中度分布函数为 $P(k) = 2m^2 k^{-3}$，其中 $m$ 为网络的最小连接度，网络平均度则为 $\langle k \rangle = 2m$ [28]。

对于 BA 网络来说，我们可以将离散变量 $k$ 看作是在 $[0, \infty)$ 范围内连续变化的，从而可以用积分对方程进行近似求和，计算传播阈值 $\lambda_c$：

$$
\begin{aligned}
\lambda_c &= \frac{\langle k \rangle \langle A(k) \rangle}{\langle k^2 A(k) \rangle} = \frac{\sum_k k P(k) \sum_k A(k) P(k)}{\sum_k k^2 A(k) P(k)} \\
&\approx \frac{\int_m^\infty k 2m^2 k^{-3} \mathrm{d}k \int_m^\infty A(k) 2m^2 k^{-3} \mathrm{d}k}{\int_m^\infty k^2 A(k) 2m^2 k^{-3} \mathrm{d}k} \\
&= \frac{2m^2 \int_m^\infty k^{-2} \mathrm{d}k \int_m^\infty A(k) k^{-3} \mathrm{d}k}{\int_m^\infty A(k) k^{-1} \mathrm{d}k}
\end{aligned} \tag{7-24}
$$

下面讨论谣言接受度函数 $A(k)$ 的几种选取。首先，根据 7.3.1 节的讨论，$A(k)$ 是节点度 $k$ 的单调下降函数，即随着节点度数的增加，节点被谣言感染的概率是减小的；其次，$A(k)$ 是一个概率值，因此当 $k \in [0, \infty)$ 时，其取值范围 $A(k) \in [0,1]$。由以上的选取条件再结合实际情况，分别从下面 4 种情况具体讨论 BA 无标度网络上的传播阈值。

（1）$A(k)=1$时，$\lambda_c=\dfrac{\langle k\rangle}{\langle k^2\rangle}$。这种情形说明网络中的每个节点对于谣言的接受程度都是相同的，此时传播阈值$\lambda_c=0$，严格等于 Moreno 模型所得到的无标度网络传播阈值。

（2）$A(k)=k^{-1}$时，$\lambda_c=\dfrac{2}{3m}$。

（3）$A(k)=k^{-2}$时，$\lambda_c=\dfrac{1}{m}$。

（4）$A(k)=e^{-k/\langle k\rangle}$时，$\lambda_c\approx\dfrac{3}{4m}$。

### 7.3.4　仿真实验与分析

本章考虑的 BA 无标度网络模型参数如下：$N=5\,000$，$m_0=3$，$m=3$，$<k>=6$，$P(k)=2m^2k^{-3}$。

在 7.3.3 节所讨论的谣言接受度函数$A(k)$后 3 种选取情况中，$A(k)$与节点度$k$的关系如图 7-1 所示。

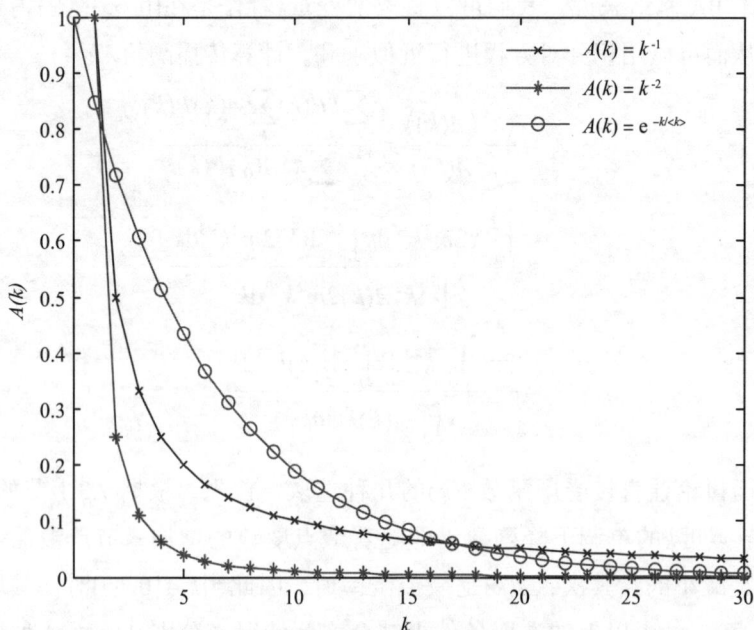

（a）双线性坐标

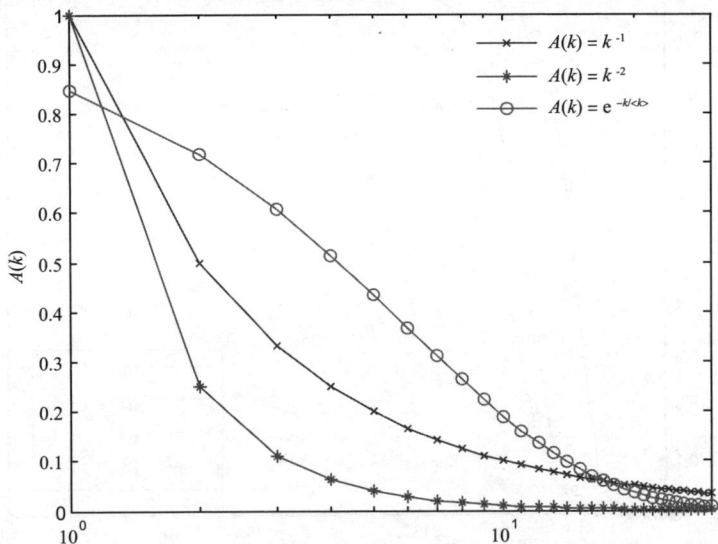

（b）　横坐标为对数坐标，纵坐标为线性坐标

图 7-1　谣言接受度函数与节点度的关系

### 1. 无标度网络上谣言的传播演化

谣言传播者与免疫者和时间的关系如图 7-2 和图 7-3 所示。

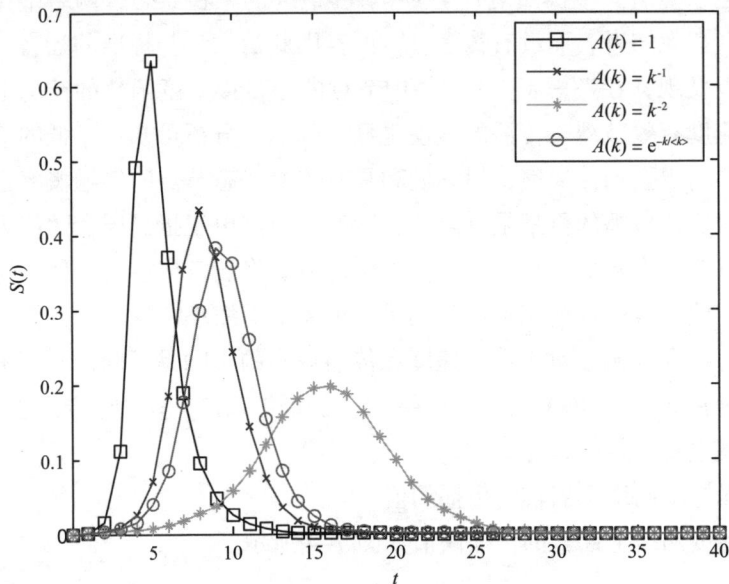

图 7-2　谣言传播者与时间的关系

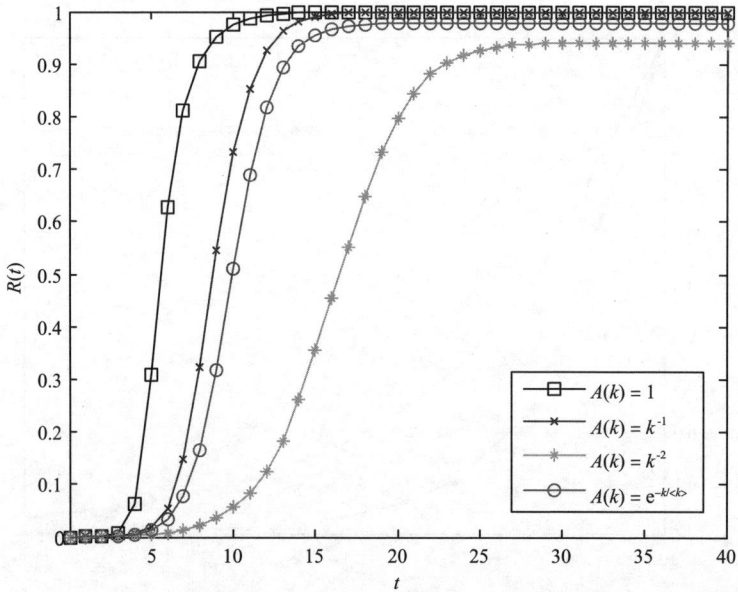

图 7-3　谣言免疫者与时间的关系

从图 7-2 和图 7-3 可以看出，同实际情况类似，初始时刻网络中存在极少数的谣言传播者和大量的无知者。随着时间的推进，传播者的数量很快增加，到达顶峰后又很快回落直至为 0。在最终的平稳状态，网络中存在大量的免疫者和无知者，而没有传播者，谣言因此消亡。与标准的谣言传播模型比较可以发现，在考虑了 BA 网络中节点的谣言接受度函数的情况下，谣言的传播速度有效减缓，传播的规模也显著降低。分析可知：度低的节点虽然传播率要高于全局传播率，但它们和具有传播状态节点的接触概率也相对地不高，对谣言传播的贡献是有限的；度高的节点由于抵御谣言的能力强，被感染的机会大大降低，从而也降低了该类节点将谣言传播给其他相连节点的风险，因此谣言的传播速度得到延缓，传播范围缩小。进一步分析发现，不同的谣言接受度函数对于传播速度和传播规模的影响是不同的。当 $A(k)=k^{-2}$ 时传播速度最慢，$A(k)=\mathrm{e}^{-k/\langle k\rangle}$ 时传播速度加快，$A(k)=k^{-1}$ 时传播速度最快。传播规模也有相似的状况。

2. 无标度网络上谣言的传播阈值

无标度网络上谣言的传播阈值如图 7-4 所示。

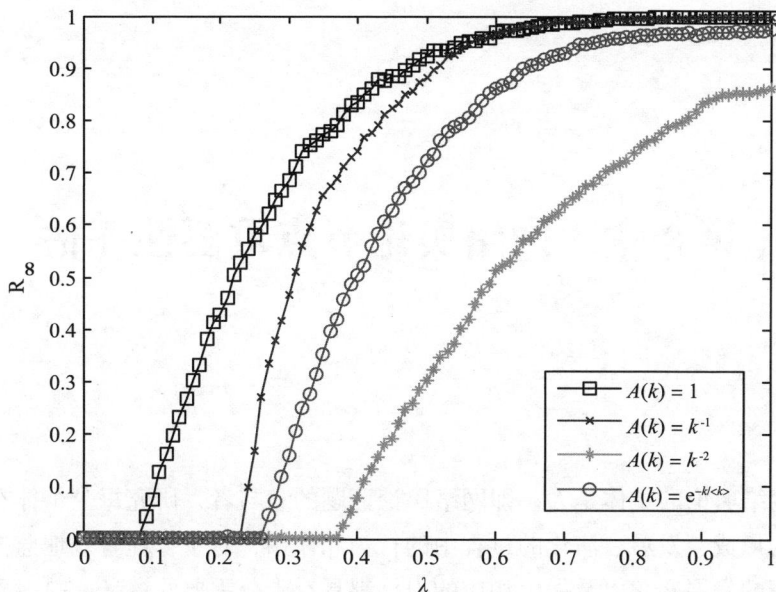

**图 7-4　传播阈值**

从图 7-4 可知，谣言接受度函数使谣言在无标度网络上的传播阈值明显增加，这意味着节点对于谣言的抵抗程度不同对谣言的传播阈值有重要的影响，正的传播阈值说明可以有效地抑制谣言的暴发和减小传播范围。进一步分析：$A(k) = k^{-2}$ 时具有最大的传播阈值，$\lambda_c \approx 0.36$；$A(k) = \mathrm{e}^{-k/\langle k\rangle}$ 时次之，$\lambda_c \approx 0.25$；$A(k) = k^{-1}$ 时再次之，$\lambda_c \approx 0.23$。仿真数值与 7.3.3 节的理论分析具有很好的吻合性。

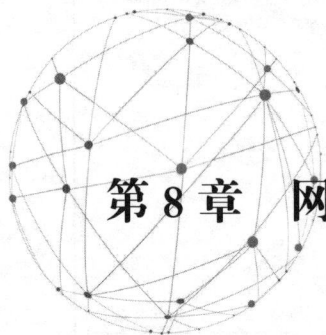

# 第 8 章　网络舆论节点重要性评估

　　网络舆论的主体是人，即网络舆论话题的参与者，研究每个个体在网络舆论的形成、发展、演化的过程中的行为和作用，对于合理有效地监控和预测舆情的发展变化以及做出相应的引导都具有十分重要的意义。映射到复杂网络的研究模型，就是要快速准确地找出对整个舆论传播网络来说重要的节点。近年来，国内外众多学者对于网络舆论传播演化模型的研究十分活跃，其中对于舆论传播主体——舆论话题参与者的研究成为一个重要的研究方向。相应地在复杂网络的研究领域发展出两类主要的研究方向：基于网络拓扑结构的节点重要性评估和基于节点属性的节点重要性评估。下面分别介绍相关的研究进展。

## 8.1　基于网络拓扑结构的节点重要性评估

　　评估网络中节点重要性的方法本质上源于图论以及基于图的数据挖掘，着重关注节点在网络拓扑结构上的测度，根据研究思想的不同相应产生了两类分支。

### 8.1.1　社会网络分析方法

　　社会网络分析方法基于这样的一个假设——"重要性等价于显著性"，即节点重要性等价于该节点与其他节点的连接而使其具有的显著性，指标的研究不破坏网络的整体性（连通性）且通常不考虑节点集的重要性[253]。已研究提出的重要节点的指标主要分为核心性（centrality）[254]和声望（prestige）[255]

两大类，度量的方法主要包括节点的度（degree）、接近度（closeness）、介数（betweenness）、信息（information）、特征向量（eigenvector）和累计提名（cumulated nomination）等。其中，最简单的方法是以节点的度（节点连接的边数）作为节点重要性的衡量标准，认为节点的度越大则该节点越重要[256]。但是一个节点的度仅仅描述了该节点对于其他节点的直接影响力，因此有很大的片面性，有些重要的"核心节点"并不一定具有较大的连接度，如只有两条边相连的"桥节点"。接近度为该节点到其他所有节点距离之和的倒数，但更多地只是反映了节点在网络中的居中程度[257]。介数是指通过节点的最短路径的概率，反映节点对其他节点之间联络的控制作用，但计算节点的介数非常复杂，不仅要计算各个节点对之间的最短路径长度，还要记录这些最短路径的路线[258]。信息指标考虑了所有路径中传递的信息流，主要是针对信息传递网络有较好的性能[259]。特征向量指标则是从网络节点的地位或声望角度考虑，将单个节点的声望看作所有其他节点声望的线性组合，从而得到一个线性方程组，该方程组的最大特征值所对应的特征向量就是各个节点的重要性[260]。累计提名是学者 Poulin 等在对 Bonacich 求解特征向量的映射迭代方法的基础上提出的，此方法计算网络中的其他节点对目标节点的提名值的总和，累计提名值越高的节点，其重要性就越高[261]。累计提名计算量更少，收敛速度更快，而且适用于大型网络和多分支网络，但其更多地还是侧重于对网络中心性的度量。

文献 [262] 在描述复杂网络节点重要性概念的基础上，分析影响节点重要性的因素，研究当前重要性测度指标的差异，论证这些指标之间的等价性，提出了基于节点度和凝聚度线性加权的重要性测度指标。根据实际供应链网络中的节点属性来确定权重值，通过具体的实验说明该方法具有一定的有效性和优越性。

文献 [263] 试图综合节点在网络中的全局重要性和局部重要性，提出了一种基于节点接近度和节点在其邻域中的关键度相结合的评估方法。该方法认为节点的接近度越大，该节点越居于网络的中心，在网络中就越重要；节点在其邻域中的关键度越大，则该节点对其邻域越重要。相应的节点重要度评估算法复杂度为$O(n^3)$。

总之，社会网络分析方法主要从一些网络拓扑特征的方面考察节点在网络中的重要性程度，但大多只从少数特征测度方面进行评估，很难做到全面准确地评估节点的重要性。

## 8.1.2　系统科学的研究方法

系统科学的研究方法是利用网络的连通性来反映系统某种功能的完整性，通过度量节点删除对网络连通的破坏程度来反映网络节点（集）的重要性，即"破坏性等价于重要性"[264]。主要研究基础是系统的"核与核度"理论。文献 [265] 在定义规则网络图的核概念的基础上，提出了核度测量方法，研究了网络核度与节点数、边数的关系，并根据它们之间的关系设计了规则网络构造定理。文献 [266] 用节点集被删除后形成的所有不连通节点对之间的最短距离的倒数之和来反映节点删除对网络连通的破坏程度。文献 [267] 通过删除节点及相关联的链路，分析所得到的图对应的生成树数目，以此判断节点的相对重要性。文献 [268] 用收缩节点方法替代删除节点法，将节点收缩后网络的聚集度作为节点重要性评估的标准。

文献 [269] 提出的优先等级法是指一个节点的重要度等于将其删除后形成的连通图分支数与该节点直接或间接相连节点数与其各自优先等级系数之积的和。通过对艾滋病患者的性关系网络的分析发现，优先等级法与节点删除法和节点度相关性较强，这与距离较近的不连通节点赋予较大的优先等级有关。与节点度相比，优先等级法既考虑网络的局部特性也考虑整体特性；而与节点删除法相比，其计算量要少得多。

文献 [270] 则从网络抗毁评价方法入手，在基于整个网络平均等效最短路径数的网络抗毁评估模型基础上，从破坏性的角度建立了网络节点重要性的评价模型，将节点失效等效为保留节点删除链路，节点失效后网络抗毁度下降比例越大，则认为该节点越重要。该方法能比较准确地反映节点之间连接的细节。

系统科学的方法基于对于网络的破坏程度考察节点重要性，但是该理论的主要目的是为了解决明显连通性不同的图却有相同连通度的问题 [264]。另外，对于点割集中各个节点的重要程度，也不能给出明确的等级，不同点割集中节点的重要性也无法横向比较，因为它们的删除都会使网络不再连通。

结合系统科学分析法，应用于互联网搜索领域，以 PageRank 及其变种 HITS 为代表的方法，则考虑了更多因素，节点的重要性不仅取决于其自身的连接度，而且与周围邻居节点的重要性有关 [271,272]。PageRank 算法根据用户查询的匹配程度能够在网络上准确定位节点的重要度，其计算复杂度不高，为 $O(EI)$，其中 $E$ 为网络中边的数目，$I$ 为算法达到收敛所需的迭代次数。HITS 算法的目标就是通过一定的迭代计算方法找到针对某个检索提问的最具价值的网页，即排名最高的 Authority 权值。HITS 算法在学术界应用较为广泛，其计算复杂度为 $O(VI)$，其中 $V$ 为网络中节点的数目，$I$ 为算法达到收敛所需的迭代次数。

### 8.1.3　加权复杂网络评估方法

目前关于节点重要性评估的研究大多集中在无权复杂网络上，无权网络只反映了节点之间的连接方式和网络的拓扑特性，但是不能描述节点之间相互作用的强度。众多的实证研究表明，仅仅将舆论传播网络抽象成无权网络是远远不够的，单纯的拓扑结构将忽略很多客观存在的重要信息，这就需要引入边权来刻画节点相互作用强度的差异，从而形成加权复杂网络。加权复杂网络不仅可以更好地体现真实的舆论传播网络的特点，而且可以反映网络中节点之间的相互作用细节，有利于把握网络系统的复杂特性。

相对于无权复杂网络节点重要性的评估，现有加权复杂网络节点重要性评估的方法很有限，其中：以节点强度（节点近邻边权和）作为衡量标准的方法具有片面性，忽视了"桥节点"的重要性[256]；节点介数方法仍然计算复杂，评估代价非常高[273]；以网络连通性作为衡量标准的方法在节点删除后，对于网络不连通情况存在评估不准确的问题[274]。文献 [275] 分析了加权复杂网络的结构特点，综合考虑了边权对节点重要性评估的影响，给出了加权节点重要度的新定义，并提出了改进的适用于加权网络的节点收缩方法。文献 [276] 基于节点删除的思想，通过引入权值交易损失衰减系数和权值交易损失函数，考虑节点删除后的直接损失和间接损失，提出一种节点赋权网络的节点重要性的综合测度方法。

## 8.2　基于节点属性的节点重要性评估

现实世界中的复杂网络，节点往往并不是数学意义上的一个点，而是有很多属性的实体，如交通网络中的流量、通信网络中节点的吞吐量、万维网中网站的点击率、人际关系网络中的个人威望以及个人价值、病毒传播网络中感染病毒的载体等[277]，尤其在舆论传播网络中，作为节点的个人实体显然是各不相同的，其具有的属性，如对于话题的兴趣程度、受他人言论的影响程度、传播舆论的活跃程度等都对舆论的传播和演化具有十分重要的影响，在某种程度上说甚至要超过网络的拓扑特性，成为传播演化的最主要的动因。因此，考察节点的属性值成为节点重要性评估的重要研究方法。

文献 [278] 在分析网络舆论话题参与者基本属性的基础上，构造了话题参与者的"属性矩阵"，提出了意见领袖形成模型的综合评价与排序算法。文献 [279] 以复杂适应系统（CAS）的视角，从舆论的构成要素出发，引入舆论主体观点度的概念，分析了影响主体观点度发生变化的相关因素，并确定了观点度变化的规则，以网络舆论话题参与者的影响力、辩论能力、自我坚持力度、活跃标志以及主流媒体、法律影响等相关因素为自变量建立了节点重要性评估模型。文献 [280] 考虑到现实中人员态度改变的个性不同，以及人员处于不断的运动中，建立了相应的元胞自动机舆论传播模型，考察了网络舆论传播模型的节点重要度。

文献 [281] 对基于小世界网络的在线论坛进行了研究，将论坛中帖子间的回复关系映射为发帖者之间的关联关系，构造出一个社群网络。通过对社群网络平均路径长度的分析找到代表舆论领袖的关键节点，并发现舆论领袖都是网络群体中的核心人物，其发帖往往能够引起论坛成员的广泛关注，同时积极回复其他成员的帖子。

文献 [282] 按照通信关系网的性质，将规模巨大的网络使用层次聚类方法划分成可分析的通信子网，然后利用最短路径计算得到密切度和中间度，再结合节点广泛度计算综合中心度，挖掘出意见领袖节点。

文献 [283] 通过对 BBS 等网络论坛的分析研究，构建了影响力扩散模型，该模型认为在基于文本的网络交流环境下，人们通过发、回帖来表达观点，词语是组成帖子的基本单位，论坛交流通过词语来表达和传播，因此对话链体现了影响力的传递结构。节点的影响力是在一段时期内某节点所发全部帖子（主帖或回帖）的影响力之和，高影响力的节点被认为是重要节点，即舆论领袖；同样，对于文本交流中的关键词也进行影响力的排序，排位越高的词语就是越热门的词语。但是随后的研究发现，利用影响力扩散模型和依据声望值高低的聚类分析得到的舆论领袖表现出较低的中心性和中介性，其并非全部是社会网络中的明星人物。

## 8.3　基于拓扑势的加权复杂网络节点重要性评估

由于复杂网络具有非同质拓扑结构，所以网络中节点的地位并不平等，存在着明显的差异，这也就决定了网络中每个节点的重要程度是不同的。复杂网络中节点重要性的评估对于发掘网络中的重要节点具有重要的实用价值。比如：在大规模计算机网络中，可以找出那些重要的"核心节点"，通过重点保护这些"核心节点"提高整个网络的可靠性和鲁棒性；在电力网络中，注意保护发电模块、断路器、中继器等重要的电力设备，可以将因为相继故障而引起的大规模停电的可能性减少到最低；在传染病传播网络中，可以通过及早重点隔离和治疗早期病源，有效防止疾病的传播扩散；在舆论传播网络中，通过对重点传播者的挖掘，可以合理有效地监控和预测舆情的发展变化并做出相应的引导。

目前，关于节点重要性评估的研究大多集中在无权复杂网络上，无权网络只反映了节点之间的连接方式和网络的拓扑特性，并不能描述节点之间相互作用的强度。众多的实证研究表明，仅仅将实际系统抽象成无权网络是远远不够的，单纯的拓扑结构将忽略很多客观存在的重要信息，这就需要引入边权来刻画节点相互作用强度的差异，由此形成了加权复杂网络。加权复杂网络不仅更好地体现真实网络的特点，而且反映了网络中节点之间的相互作用细节，有利于把握网络系统的复杂特性。考虑到加权复杂网络的特性，想要更准确地评估节点的重要性，本节从数据场的思想出发，提出一种基于拓扑势的加权复杂网络节点重要性评估方法。通过引入数据场的相关思想，形式化描述加权复杂网络节点间的相互作用，通过定义节点的拓扑势来反映其在网络拓扑中位置的差异性与重要性。

### 8.3.1　加权复杂网络的相关定义

**定义 8.1**　网络 $G=(V,E,W)$ 表示加权复杂网络，其中，$G$ 为一个无向连通图，$V=\{v_1,v_2,\cdots,v_n\}$ 为节点非空有限集，$E=\{e_1,e_2,\cdots,e_m\}$ 为边集，即节点数为 $n$，边数为 $m$，$W=\{w_{e_1},w_{e_2},\cdots,w_{e_m}\}$ 为权值集。网络 $G$ 中任意两个节点之间最多只有一条边相连，边权采用相异性原则，即权值越大，表示节点间的距离越远，关系越不紧密。$w_{ij}\in(0,+\infty)$，且 $w_{ij}=w_{ji}$，$w_{ij}=+\infty$ 表示两点间无连接。

**定义 8.2**　网络 $G$ 中，称 $A=(a_{ij})$ 为 $G$ 的邻接矩阵，其中

$$a_{ij} = \begin{cases} w_{ij}, & 若v_i和v_j之间有边相连 \\ \infty, & 若v_i和v_j之间无边相连 \\ 0, & 若i = j \end{cases}$$

式中：$w_{ij}$表示节点$v_i$与节点$v_j$之间连边的权值。

**定义 8.3** 网络$G$中各节点相互独立，节点强度为$s_i = \sum_{j \in N_i} \dfrac{1}{w_{ij}}$，其中$N_i$为节点$v_i \in V$的近邻集合，$w_{ij}$为节点$v_i$与节点$v_j$之间连边的权值。$s_i \in (0, +\infty)$，节点强度越大表示与网络中其他节点间的联系越紧密。

**定义 8.4** 网络$G$中的一个节点序列$v_i, v_k, \cdots, v_j$称为从节点$v_i$到节点$v_j$的一条路经，记为$V_{ij}$，从$v_i$到$v_j$的所有路径中，权值和最小的路径称为节点$v_i$和$v_j$的最短路径，记为$d_{ij} = \min \sum_{v_k \in V_{ij}} w_k$。

## 8.3.2 节点拓扑势

节点拓扑势的概念是基于认知物理学中数据场理论产生的[284]。英国著名物理学家法拉第最早提出了势场的概念，以此解释物质粒子间的非接触相互作用。在基础物理学领域存在两类不同的势场：如果场力作用能够延伸到距离场源很远的地方，而且势值与距离呈反比关系，那么就称此时的势场为长程场；如果势值随着距离的增加而快速减小，并且相应的场力作用也很快衰减为零，那么就称此时的势场为短程场[285]。研究表明，重力势场和静电势场是典型的长程场；而物理核子的中心势场则是短程场。考虑到复杂网络的性质，一般情况下采用短程场来表示节点间的相互作用，由此把网络中的节点受自身和近邻节点共同影响所具有的势值定义为节点拓扑势，同时定义相应的场为拓扑势场[286]。通常用具有短程场特征同时拥有良好数学性质的高斯势函数来表示节点拓扑势，并根据网络拓扑距离来计算节点通过网络拓扑传递所产生的势。

**定义 8.5** 给定加权网络$G = (V, E, W)$，其中$V = \{v_1, v_2, \cdots, v_n\}$为节点集，$E = \{e_1, e_2, \cdots, e_m\}$为边集，即节点数为$n$，边数为$m$，$W = \{w_{e_1}, w_{e_2}, \cdots, w_{e_m}\}$为权值集。根据数据场的势函数定义[285]，任意节点$v_i \in V$的拓扑势可表示为

$$\varphi(v_i) = \sum_{j=1}^{n} \left( M_j \times e^{\left(\frac{d_{ij}}{\sigma}\right)^2} \right) \tag{8-1}$$

式中：$M_j \geqslant 0$ 为节点 $v_j(j=1,2,\cdots,n)$ 的质量，用来描述每个节点的属性；$d_{ij}$ 为网络中节点 $v_i$ 与 $v_j$ 之间的距离，采用最短路径长度来度量；影响因子 $\sigma$ 用于调控每个节点的影响范围。在实际网络中，节点的属性具有丰富的物理含义，如交通网络中节点的交通流量、通信网络中节点的存储能力以及社会关系网络中个体的社会背景与活动能力等[286]。本章中，基于加权复杂网络的特点，可以简化节点属性的含义，用节点的强度来表示节点质量，即 $M_j = s_j$。

### 8.3.3  基于拓扑势的加权复杂网络节点重要性评估算法

假设给定加权复杂网络 $G=(V,E,W)$，其中 $V=\{v_1,v_2,\cdots,v_n\}$ 为节点集，$E=\{e_1,e_2,\cdots,e_m\}$ 为边集，$W=\{w_{e_1},w_{e_2},\cdots,w_{e_m}\}$ 为权值集，则基于拓扑势的加权复杂网络节点重要性评估算法的描述如下。

输入：加权复杂网络 $G=(V,E,W)$。

输出：节点重要性排序。

Step1：计算节点质量 $M_j, j=1,2,\cdots,n$，即各个节点的强度 $s_j, j=1,2,\cdots,n$。

Step2：计算各节点间的最短路径 $d_{ij}, i=1,2,\cdots,n, j=1,2,\cdots,n$。

（1）构造 $G$ 的邻接矩阵 $A=(a_{ij})$。

（2）for each( $v_i \in V$ )。

根据邻接矩阵 $A$，运用 Dijkstra 算法[287]，按路径长度递增的次序产生最短路径，可由下式给出：

$$D[i] = \min\{D[i], D[i]+w_{ji}\} \qquad (8\text{-}2)$$

计算节点 $v_i$ 到其他节点的最短距离。

（3）end for。

Step3：计算各节点的拓扑势 $\varphi(v_i), i=1,2,\cdots,n$。

（1）优选影响因子 $\sigma$。

（2）for each( $v_i \in V$ )：

$$\varphi(v_i) = \sum_{j=1}^{n}\left( M_j \times \mathrm{e}^{-\left(\frac{d_{ij}}{\sigma}\right)^2} \right) \qquad (8\text{-}3)$$

（3）end for。

Step4：比较节点拓扑势值，对节点重要性进行排序。

### 8.3.4 算法参数与复杂性分析

对于无权复杂网络的情况，节点拓扑势公式中的影响因子 $\sigma$ 用于控制每个节点的影响范围，一般可根据节点的势熵对其进行优选。本章考虑的加权复杂网络中节点间的边权表示的是节点间联系的紧密程度，即连接的强度，而影响因子 $\sigma$ 所控制的是因节点连接状态所影响的范围，通常表示为几跳的范围。因此，边权值并不直接影响 $\sigma$ 的选取原则，仍然可以采用无权网络中的方法来优选 $\sigma$ 值。

**定义 8.6** 给定网络 $G=(V,E)$ 及其对应某个 $\sigma$ 值的拓扑势场，令 $v_1,v_2,\cdots,v_n$ 的势值为 $\varphi(v_1),\varphi(v_2),\cdots,\varphi(v_n)$，相应拓扑势场的势熵为

$$H = -\sum_{i=1}^{n}\frac{\varphi(v_i)}{Z}\lg\left(\frac{\varphi(v_i)}{Z}\right) \quad (8-4)$$

式中：$Z=\sum_{i=1}^{n}\varphi(v_i)$ 为标准化因子。势熵的大小反映了拓扑势不确定性的强弱[288]。当 $\sigma=0$ 时，$\varphi(j\rightarrow i)\rightarrow 0$，所以 $\varphi(i)=M_i=M$，势熵趋近于 $H_{max}=\lg N$；当 $\sigma\rightarrow\infty$ 时，$\varphi(j\rightarrow i)\rightarrow M_j$，此时任意两个节点间具有相同的影响力，即 $\varphi(i)=NM$，通过标准化因子 $Z$ 的归一化处理，势熵再次趋近于 $H_{max}=\lg N$。势熵 $H$ 与影响因子 $\sigma$ 的关系如图 8-1 所示，随着影响因子 $\sigma$ 的单调递增，势熵曲线在两端达到极大值，在中间则存在一个极小值，势熵取极小值时节点拓扑势的分布最不均匀，同时其不确定性也最小[286]。

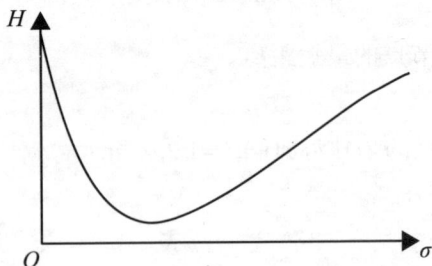

图 8-1 拓扑势熵 $H$ 与影响因子 $\sigma$ 的关系曲线

参数 $\sigma$ 的优选是一个单变量非线性函数 $H(\sigma)$ 的最小化问题，通常可采用简单试探、随机搜索、模拟退火等数学物理方法进行求解。由于大型的复杂网络中迭代计算节点拓扑势的时间负担较重，因此在实际求解时通常采用逐步逼近的方法进行参数 $\sigma$ 的优选，即首先近似估计优化 $\sigma$ 的可选区

间，然后逐步缩小范围直到精准确定最优值。基于高斯势函数的数学性质，每个节点大约影响其 $\lfloor 3\sigma/\sqrt{2} \rfloor$ 跳的局域范围。因此，可令 $\sigma$ 分别取离散值 $\sqrt{2}/3, 2\sqrt{2}/3, \cdots$，迭代计算节点拓扑势和相应的拓扑势熵。如果在以上所有 $\sigma$ 取值中，$\sigma = \sqrt{2}p/3$ 所对应的势熵达到最小值，其中 $p \in N$，$N$ 为自然数集，那么就以 $(\sqrt{2}(p-1)/3, \sqrt{2}(p+1)/3)$ 为搜索区间，运用简单试探等方法进行进一步的查找。不断重复以上过程直到最终找到满足精度要求的最小拓扑势熵及其所对应的 $\sigma$ 最优值[286]。根据文献 [289] 研究发现，影响因子 $\sigma$ 取值的变化会导致节点拓扑势的变化，当复杂网络中的每个节点只影响其邻居节点时，节点拓扑势评估方法就退化为节点度排序方法，而当节点的影响范围趋近于网络直径时，节点拓扑势评估方法又会表现出与接近度方法类似的中心性偏好。

加权复杂网络中计算节点间最短距离的方法有很多，各个方法的性能和时间复杂度也不尽相同，文献 [290] 中有较为全面详尽的介绍。本章并不以如何计算节点间最短距离作为研究重点，因此选择最为通用的 Dijkstra 算法作为计算最短距离的方法。Dijkstra 算法可以找出网络中从一点到其余各点间的最短路径，它的时间复杂度为 $O(n^2)$，其中 $n$ 为网络节点的数目。要计算网络中所有节点间的最短距离，就要迭代调用 $n$ 次此算法，因此时间复杂度为 $O(n^3)$。计算每个节点的拓扑势值以比较节点的重要性，又要进行 $n$ 次相应的计算过程，因此整个算法的时间复杂度为 $O(n^4)$。

### 8.3.5　仿真实验与分析

图 8-2 是一个含有 10 个节点和 10 条边的网络，给网络中的连边随机赋值，形成一个加权网络[275]，分别用节点的度、节点强度、加权点介数、节点收缩方法和本章提出的方法对加权网络中的节点进行重要性评估。

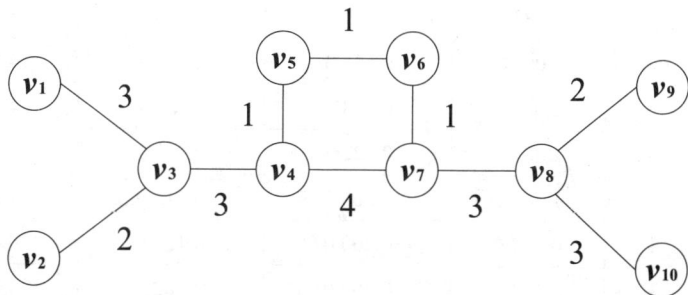

图 8-2　加权网络拓扑图

计算各节点的质量 $M_j, j = 1, 2, \cdots, n$，即节点的强度 $s_j, j = 1, 2, \cdots, n$，结果如下： $M_1 = s_1 = \dfrac{1}{3}$， $M_2 = s_2 = \dfrac{1}{2}$， $M_3 = s_3 = \dfrac{7}{6}$， $M_4 = s_4 = \dfrac{19}{12}$， $M_5 = s_5 = 2$， $M_6 = s_6 = 2$， $M_7 = s_7 = \dfrac{19}{12}$， $M_8 = s_8 = \dfrac{7}{6}$， $M_9 = s_9 = \dfrac{1}{2}$， $M_{10} = s_{10} = \dfrac{1}{3}$。

计算各节点间的最短距离 $d_{ij}, i = 1, 2, \cdots, n, j = 1, 2, \cdots, n$，结果如下： $d_{12} = d_{21} = 5$， $d_{13} = d_{31} = 3$， $d_{14} = d_{41} = 6$， $d_{15} = d_{51} = 7$， $d_{16} = d_{61} = 8$， $d_{17} = d_{71} = 9$， $d_{18} = d_{81} = 12$， $d_{19} = d_{91} = 14$， $d_{110} = d_{101} = 15$， $d_{23} = d_{32} = 2$， $d_{24} = d_{42} = 5$， $d_{25} = d_{52} = 6$， $d_{26} = d_{62} = 7$， $d_{27} = d_{72} = 8$， $d_{28} = d_{82} = 11$， $d_{29} = d_{92} = 13$， $d_{210} = d_{102} = 14$， $d_{34} = d_{43} = 3$， $d_{35} = d_{53} = 4$， $d_{36} = d_{63} = 5$， $d_{37} = d_{73} = 6$， $d_{38} = d_{83} = 9$， $d_{39} = d_{93} = 11$， $d_{310} = d_{103} = 12$， $d_{45} = d_{54} = 1$， $d_{46} = d_{64} = 2$， $d_{47} = d_{74} = 3$， $d_{48} = d_{84} = 6$， $d_{49} = d_{94} = 8$， $d_{410} = d_{104} = 9$， $d_{56} = d_{65} = 1$， $d_{57} = d_{75} = 2$， $d_{58} = d_{85} = 5$， $d_{59} = d_{95} = 7$， $d_{510} = d_{105} = 8$， $d_{67} = d_{76} = 1$， $d_{68} = d_{86} = 4$， $d_{69} = d_{96} = 6$， $d_{610} = d_{106} = 7$， $d_{78} = d_{87} = 3$， $d_{79} = d_{97} = 5$， $d_{710} = d_{107} = 6$， $d_{89} = d_{98} = 2$， $d_{810} = d_{108} = 3$， $d_{910} = d_{109} = 5$。

根据上文关于参数 $\sigma$ 优选的讨论，取 $\sigma = 1.4731$。

因此根据式（8-1）计算节点拓扑势 $\varphi(v_i)$，与节点的度、节点强度、加权点介数、节点收缩方法的比较如表8-1所示。

表8-1　节点重要性评估表

| 节　点 | 度 | 节点强度 | 加权点介数 | 节点收缩方法 | 拓扑势 |
|---|---|---|---|---|---|
| $v_1$ | 1 | 0.333 3 | 0.200 0 | 0.108 7 | 0.351 8 |
| $v_2$ | 1 | 0.500 0 | 0.200 0 | 0.151 6 | 0.684 7 |
| $v_3$ | 3 | 1.166 7 | 0.366 7 | 0.413 0 | 1.277 3 |
| $v_4$ | 3 | 1.583 3 | 0.422 2 | 0.428 9 | 3.205 0 |
| $v_5$ | 2 | 2.000 0 | 0.533 3 | 0.498 7 | 4.511 7 |
| $v_6$ | 2 | 2.000 0 | 0.533 3 | 0.498 7 | 4.511 7 |
| $v_7$ | 3 | 1.583 3 | 0.422 2 | 0.428 9 | 3.205 0 |
| $v_8$ | 3 | 1.166 7 | 0.366 7 | 0.413 0 | 1.277 3 |
| $v_9$ | 1 | 0.500 0 | 0.200 0 | 0.151 6 | 0.684 7 |
| $v_{10}$ | 1 | 0.333 3 | 0.200 0 | 0.108 7 | 0.351 8 |

从实验结果可以看出，基于拓扑势的节点重要性评价方法在加权网络中可以更加准确地评估节点的重要性，虽然评价结果与节点强度方法、节点收缩方法一致，即 $v_5$，$v_6 \to v_4$，$v_7 \to v_3$，$v_8 \to v_2$，$v_9 \to v_1$，$v_{10}$，但基于拓扑势的方法在评估数值上的差异更加明显，更能描述出各个节点在加权网络中重要性的差异。

## 8.4　基于拓扑势的网络舆论节点重要性评估

考虑到网络舆论中节点的特性，想要更准确地评估节点的重要性，就必须综合考察节点在网络中的拓扑结构性质和节点自身的属性。因此，在节点拓扑势研究的基础上，本节提出了一种基于拓扑势的网络舆论节点重要性评估方法，此方法全面考虑到网络舆论中个体的属性特征和网络拓扑结构的特点，快速有效地反映了节点在舆论传播网络中的差异性和重要性。

### 8.4.1　基于拓扑势的网络舆论节点重要性评估算法

假设给定舆论传播网络 $G = (V, E)$ 及其对应某个 $\sigma$ 值的拓扑势场，其中，$V = \{v_1, v_2, \cdots, v_n\}$ 为节点集，$E \subseteq V \times V$ 为边集，$|E| = m$，基于拓扑势的节点重要性评估算法描述如下。

1. 计算节点质量

（1）建立节点属性矩阵。网络舆论话题参与者的基本属性一般可以用参与者的被认同度、影响能力、说服能力、自我坚持能力、活跃程度以及受主流媒体、官方、法律影响程度等属性予以表征[279]。

因此，设 $X = \{x_{i1}, x_{i2}, \cdots, x_{im}\}$，表示节点 $v_i$ 的 $m$ 个属性值，其中 $x_{ij}$ 是第 $i$ 个节点的第 $j$ 个属性值；当属性值函数为 $f_i$ 时，$x_{ij} = f_i(v_i)$，$i = 1, 2, \cdots, n$，$j = 1, 2, \cdots, m$。各节点属性值组成属性矩阵，其中 $X_i$，$i = 1, 2, \cdots, m$ 表示 $m$ 个属性，如表 8-2 所示。

表8-2　节点属性矩阵

|       | $X_1$ | $\cdots$ | $X_j$ | $\cdots$ | $X_m$ |
|-------|-------|----------|-------|----------|-------|
| $v_1$ | $x_{11}$ | $\cdots$ | $x_{1j}$ | $\cdots$ | $x_{1m}$ |
| $\vdots$ | $\vdots$ | | $\vdots$ | | $\vdots$ |
| $v_i$ | $x_{i1}$ | $\cdots$ | $x_{ij}$ | $\cdots$ | $x_{im}$ |
| $\vdots$ | $\vdots$ | | $\vdots$ | | $\vdots$ |
| $v_n$ | $x_{n1}$ | $\cdots$ | $x_{nj}$ | $\cdots$ | $x_{nm}$ |

本节选用影响能力（表示自己观点受其他参与者关注的范围和程度）、说服能力（表示说服其他话题参与者接受自己观点的能力）、自我坚持能力（表示坚持自我观点不被其他参与者说服的能力）、活跃程度（表示对于某一话题所感兴趣的程度以及所表达的观点）4个属性作为网络节点的属性表示。因此，定义节点$v_i$的属性值$x_{ij}$如下：

① $x_{i1}$表示$v_i$的影响能力；

② $x_{i2}$表示$v_i$的说服能力；

③ $x_{i3}$表示$v_i$的自我坚持能力；

④ $x_{i4}$表示$v_i$的活跃程度。

（2）节点属性值归一化处理。属性矩阵中各元素数值是通过不同方式来度量的，具有不同的量纲，因此需要将属性矩阵中各元素的数据去量纲化并且进行归一化处理，最后将矩阵中所有数值全部变换到[0,1]区间上，这样才可以进行下一步的比较和评估。

原始的属性矩阵为$\boldsymbol{X}=\{x_{ij}\}$，设变换后的属性矩阵为$\boldsymbol{Z}=\{z_{ij}\}$，$i=1,2,\cdots,n$，$j=1,2,\cdots,m$。同时可设$x_j^{\min}$表示属性矩阵第$j$列的最小值，$x_j^{\max}$表示属性矩阵第$j$列的最大值。令

$$z_{ij}=f_i(v_i)=\frac{x_{ij}-x_j^{\min}}{x_j^{\max}-x_j^{\min}} \tag{8-5}$$

经过上式就可以得到$v_i$归一化后的属性值，最佳值为1，最差值为0。

（3）计算节点质量。节点$v_i$的第$j$个属性值$x_{ij}$经数据归一化后变为$z_{ij}$，通过下式对所有属性值进行加权求和得到节点的质量$M_i$：

$$M_i = \frac{1}{m}\sum_{j=1}^{m} w_j z_{ij},\ i = 1, 2, \cdots, n \tag{8-6}$$

式中：$\sum_{j=1}^{m} w_j = 1$。

2. 计算网络中各节点的拓扑势

把计算得到的各节点的质量 $M_i$ 代入如下方程式得到网络各个节点的拓扑势值 $\varphi(v_i)$：

$$\varphi(v_i) = \sum_{j=1}^{n}\left( M_j \times e^{-\left(\frac{d_{ij}}{\sigma}\right)^2}\right) \tag{8-7}$$

式中：$d_{ij}$ 为节点 $v_i$ 与 $v_j$ 间的网络距离，采用最短距离来度量；影响因子 $\sigma$ 用于控制每个节点的影响范围。

3. 比较节点拓扑势进行节点重要性排序

根据各个节点的拓扑势值的大小，对舆论网络中各节点的重要性进行排序。拓扑势值越大，就意味着该节点在网络中的重要性越高。

## 8.4.2　算法参数的讨论

基于拓扑势的节点重要性评估算法中需要明确的参数有两个：计算节点质量时属性特征的权重和节点拓扑势公式中的影响因子 $\sigma$。下面分别进行讨论。

节点属性的权重反映了各属性值之间的差异程度以及对于节点质量的贡献程度。权重的确定一直是多属性决策问题中的重点和难点，根据实际情况通常有根据专家经验打分、数据统计分析、遗传算法数据挖掘等多种方法。本节采用文献 [278] 介绍的方法，对各项属性指标进行成对比较，用最小二乘法求解方程组得出一组权值向量。

设节点共有 $m$ 个属性，对各个属性的重要性两两成对比较，需要比较 $C_m^2 = m(m-1)/2$ 次。用 $b_{ij}$ 表示第 $i$ 个属性对第 $j$ 个属性的相对重要性，同时假定 $b_{ij}$ 就等于属性 $i$ 的权重 $w_i$ 与属性 $j$ 的权重 $w_j$ 的比值，即

$$b_{ij} = \frac{w_i}{w_j} \tag{8-8}$$

所有 $m$ 个属性两两进行比较，其结果构成矩阵 $B$：

$$\boldsymbol{B} = \begin{bmatrix} b_{11} & b_{12} & \cdots & b_{1m} \\ b_{21} & b_{22} & \cdots & b_{2m} \\ \vdots & \vdots & & \vdots \\ b_{n1} & b_{n2} & \cdots & b_{nm} \end{bmatrix} = \begin{bmatrix} w_1/w_1 & w_1/w_2 & \cdots & w_1/w_m \\ w_2/w_1 & w_2/w_2 & \cdots & w_2/w_m \\ \vdots & \vdots & & \vdots \\ w_m/w_1 & w_m/w_2 & \cdots & w_m/w_m \end{bmatrix} \quad (8\text{-}9)$$

$$b_{ij} = \frac{1}{b_{ji}}, b_{ij} = b_{ik} \cdot b_{kj}, b_{ii} = 1 \quad (8\text{-}10)$$

$$\sum_{i=1}^{m} b_{ij} = \frac{\sum_{i=1}^{m} w_i}{w_j} \quad (8\text{-}11)$$

当 $\sum_{i=1}^{m} w_i = 1$ 时，有

$$w_j = \frac{1}{\sum_{i=1}^{m} b_{ij}} \quad (8\text{-}12)$$

对于属性相对重要性 $b_{ij}$ 的估计带有较多的主观因素，难免具有误差，因此采用最小二乘法来求解权重。

解

$$\begin{cases} \min \sum_{i=1}^{m} \sum_{j=1}^{m} (b_{ij} w_j - w_i)^2 \\ \sum_{i=1}^{m} w_i = 1 \\ w_i > 0, i = 1, 2, \cdots, m \end{cases} \quad (8\text{-}13)$$

上式是一个具有约束纯量的优化问题，通常可以运用拉格朗日乘子法进行求解[280]，则相应的拉格朗日函数为 $L = \sum_{i=1}^{m} \sum_{j=1}^{m} (b_{ij} w_j - w_i)^2 + 2\lambda \sum_{i=1}^{m} w_i - 1$。

$L$ 对 $w_l (l=1,2,\cdots,m)$ 求偏导数，并令其为 0，可得

$$\sum_{i=1}^{m} (b_{il} - w_i) b_{il} - \sum_{j=1}^{m} (b_{lj} - w_l) + \lambda = 0, \quad l = 1, 2, \cdots, m \quad (8\text{-}14)$$

式（8-14）及 $\sum_{i=1}^{m} w_i = 1$ 共 $m+1$ 个方程，其中有 $w_1, w_2, \cdots, w_m$ 及 $\lambda$ 共 $m+1$ 个变量，因此可得 $\boldsymbol{w} = [w_1, w_2, \cdots, w_m]^{\mathrm{T}}$，即为节点属性的权重。

算法中的另一个参数影响因子 $\sigma$，依然可根据网络中节点的势熵对其进行优选，具体的理论和方法在基于拓扑势的加权复杂网络节点重要性评估章节中已经详细介绍过，在此不作赘述。

### 8.4.3　仿真实验及分析

图 8-3 是一个含有 10 个节点和 9 条边的舆论传播网络，其中每个节点代表舆论话题的参与者，节点属性值如表 8-3 所示。分别用节点的度、介数、接近度、不考虑节点属性的拓扑势和本章提出的方法对网络中的节点进行重要性评估。

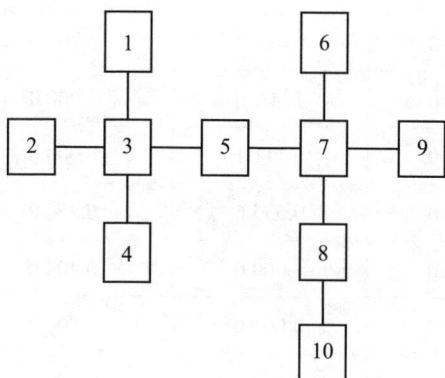

图 8-3　简单网络舆论拓扑图

表8-3　节点属性值

|  | 影响能力 $X_1$ | 说服能力 $X_2$ | 自我坚持能力 $X_3$ | 活跃程度 $X_4$ |
|---|---|---|---|---|
| $v_1$ | 2 | 6 | 8 | 48 |
| $v_2$ | 4 | 8 | 9 | 80 |
| $v_3$ | 1 | 4 | 7 | 45 |
| $v_4$ | 20 | 9 | 10 | 120 |
| $v_5$ | 8 | 1 | 5 | 55 |
| $v_6$ | 0 | 5 | 6 | 20 |
| $v_7$ | 10 | 9 | 7 | 108 |
| $v_8$ | 4 | 0 | 5 | 80 |
| $v_9$ | 2 | 2 | 9 | 95 |
| $v_{10}$ | 4 | 8 | 6 | 76 |

对网络节点的属性值进行归一化处理后，得到表8-4。

表8-4 归一化节点属性值

|  | 影响能力$Z_1$ | 说服能力$Z_2$ | 自我坚持能力$Z_3$ | 活跃程度$Z_4$ |
|---|---|---|---|---|
| $v_1$ | 0.100 0 | 0.666 7 | 0.600 0 | 0.280 0 |
| $v_2$ | 0.200 0 | 0.888 9 | 0.800 0 | 0.600 0 |
| $v_3$ | 0.050 0 | 0.444 4 | 0.400 0 | 0.250 0 |
| $v_4$ | 1.000 0 | 1.000 0 | 1.000 0 | 1.000 0 |
| $v_5$ | 0.400 0 | 0.111 1 | 0.000 0 | 0.350 0 |
| $v_6$ | 0.000 0 | 0.555 6 | 0.200 0 | 0.000 0 |
| $v_7$ | 0.500 0 | 1.000 0 | 0.400 0 | 0.880 0 |
| $v_8$ | 0.200 0 | 0.000 0 | 0.000 0 | 0.600 0 |
| $v_9$ | 0.100 0 | 0.222 2 | 0.800 0 | 0.750 0 |
| $v_{10}$ | 0.200 0 | 0.888 9 | 0.200 0 | 0.560 0 |

为了便于比较属性间的相对重要性，即给出$b_{ij}$值，参照 Saaty 给出的 9 级重要性等级表[278]，如表 8-5 所示。

表8-5 属性重要性等级表

| 重要程度等级 | 定义 | 解释说明 |
|---|---|---|
| 1 | 同等重要 | 两个属性具有相同的重要性 |
| 3 | 略微重要 | 一个属性的重要性略高于另一个属性 |
| 5 | 一般重要 | 一个属性的重要性高于另一个属性 |
| 7 | 明显重要 | 一个属性的重要性显著高于另一个属性 |
| 9 | 绝对重要 | 一个属性的重要性完全高于另一个属性 |
| 2，4，6，8 | 等级中间值 | 介于两个相邻重要程度等级之间 |

根据网络舆论的研究经验，假设话题参与者的影响能力$X_1$与说服能力$X_2$

相比介于同等重要与略微重要之间，即 $b_{12} = 1/2$。同理不失一般性，通过两两比较节点属性的相对重要性并利用式（8-8），得到网络舆论话题参与者各属性相对重要性判断矩阵 $B$：

$$B = \begin{bmatrix} 1 & 1/2 & 1 & 5 \\ 2 & 1 & 3 & 7 \\ 1 & 1/3 & 1 & 5 \\ 1/5 & 1/7 & 1/5 & 1 \end{bmatrix}$$

利用式（8-14）及 $\sum_{i=1}^{4} w_i = 1$ 可求得节点各属性的权重为 $w$=[0.246 1，0.503 7，0.192 2，0.057 9]$^T$。

按照式（8-6）分别计算各节点的质量，结果如下：

$M_1$=0.123 0，$M_2$=0.171 4，$M_3$=0.098 0，$M_4$=0.250 0，$M_5$=0.043 7，$M_6$=0.079 6，$M_7$=0.188 6，$M_8$=0.021 0，$M_9$=0.083 4，$M_{10}$=0.142 0。

根据本章关于参数 $\sigma$ 优选的讨论，取 $\sigma = 1.374$。

因此根据式（8-7）计算节点拓扑势 $\varphi(v_i)$，与节点度、介数、接近度以及不考虑节点属性的拓扑势（简称简化拓扑势）的比较如表 8-6 所示。

表8-6　节点重要性评估值

| 节点 | 度 | 介数 | 接近度 | 简化拓扑势 | 拓扑势 |
|---|---|---|---|---|---|
| $v_1$ | 1 | 0 | 0.037 | 0.192 | 0.238 |
| $v_2$ | 1 | 0 | 0.037 | 0.192 | 0.281 |
| $v_3$ | 4 | 0.468 | 0.053 | 0.344 | 0.469 |
| $v_4$ | 1 | 0 | 0.037 | 0.192 | 0.350 |
| $v_5$ | 2 | 0.444 | 0.059 | 0.283 | 0.301 |
| $v_6$ | 1 | 0 | 0.040 | 0.193 | 0.211 |
| $v_7$ | 4 | 0.556 | 0.059 | 0.356 | 0.356 |
| $v_8$ | 2 | 0.178 | 0.044 | 0.250 | 0.241 |
| $v_9$ | 1 | 0 | 0.040 | 0.193 | 0.214 |
| $v_{10}$ | 1 | 0 | 0.032 | 0.171 | 0.179 |

从实验结果可以明显看出，本章提出的基于拓扑势的网络舆论节点重要性评估方法较之节点度、介数、接近度等传统的评估方法可更加准确地显示出节点在网络中的位置信息和差异，综合考虑节点的属性和网络的拓扑结构，比单纯地考虑节点的网络拓扑特性更接近实际情况。通过实验数据发现，如果使用节点度、介数、接近度或简化的拓扑势作为节点重要性的评估指标，节点$v_7$都是最重要的节点，但是如果还考虑节点的综合属性，那么节点$v_3$的重要性要大于节点$v_7$。节点$v_1$、$v_2$和$v_4$以及节点$v_6$和$v_9$在网络拓扑结构上看来是完全对称的结构，按照拓扑结构的评价指标评估得出的重要性值也都完全一样。但是在舆论网络中节点所代表的是舆论话题的参与者，他们之间理所当然是有差异的，这也就可以抽象地表现为节点的属性的不同，因此使用本章方法得出的评估结果更精确合理。节点$v_4$重要性大于节点$v_2$，节点$v_2$重要性大于节点$v_1$，同理，节点$v_9$重要性大于节点$v_6$。

理论分析与实验结果表明，拓扑势公式中的影响因子$\sigma$反映了节点间的影响范围。所以，基于拓扑势的节点重要性评价方法不仅能够为节点度、接近度等常用的节点重要性评价方法提供较好的统一描述框架，而且通过优选影响因子$\sigma$，可以构造更加符合网络拓扑特性的节点重要性评价方法。

基于拓扑势的节点重要性评价算法总的时间复杂度取决于节点拓扑势的计算开销，最坏情况下为$O(n^2)$，最好情况下为$O(l+n^{3/\gamma})$，其中$n$为网络节点数，$l$为边数，$2<\gamma<3$为一个常数。

在模型改进和算法优化方面仍然有很大的空间。比如，经过实验发现，由于影响因子$\sigma$的取值不同，节点拓扑势值会呈现与节点度或节点接近度相似的特性，但是准确细致的数学上的描述还需要在理论上进行深入研究。其次，选取哪些属性指标作为节点质量的组成项以及它们之间采用怎样的组合方式、权重的选取等都是需要进一步探索的问题。

### 8.4.4 未来研究方向

今后对于网络舆论的节点重要性评估的研究应该着重从以下几个方面着手[291]：第一，有效结合现有的节点重要性评估的一些指标，尤其是表征网络拓扑结构和节点自身属性的结合，以期更加全面准确地评估网络舆论的节点重要性[292-294]；第二，发现新的更加有效的评价指标，结合舆论传播的特点发现新的研究思路和方法[295]；第三，结合当今网络环境的发展变化，如微博的迅速兴起繁荣、云计算的发展应用、无线移动网络的拓展等一系列的进展来研究节点重要性的评估方法 [296-300]；第四，更加充分地做到与社会科学、人文科学、物理学、电子学等其他学科领域的交叉融合 [301-308]。

# 第 9 章 基于深度学习的网络谣言早期检测分类和传播预测研究

　　谣言作为人类社会的一种独特现象，对人们的社会生活产生了巨大的影响。著名的社会学家卡普费雷曾说"谣言是最古老的大众传播媒介"[235]。所谓谣言，通常是指出现并流传于社会中的，其真实性未经当事人或官方公开证实，或者已经被相关证据或权威机构所辟谣的信息。一般而言，谣言具有非官方性、无根据性以及未证实性等特点。互联网的普及为谣言的产生和传播提供了绝佳的载体，网络谣言也因此成为谣言最主要的形式。随着移动互联和自媒体时代的到来，谣言的传播手段更加多样化，传播范围更加广泛，传播速度更加迅捷，影响力和破坏力也更加巨大，尤其是在一些重大突发事件和紧急事件中，谣言对社会秩序和国家和谐稳定的影响是绝对不可低估的。因此，对于谣言传播的研究非常重要，已成为社会科学和自然科学不同领域共同关注的课题。

　　理论研究意义：谣言的早期检测、分类和传播预测问题是一个多学科交叉的研究领域，涉及多个重要的研究课题。谣言检测和分类问题首先要解决谣言信息的词向量表示，这是自然语言处理研究领域的重要课题，在此基础上的谣言分类又是一个典型的模式识别问题。而谣言传播模型的建立以及进一步的谣言的传播预测，又涉及复杂网络传播动力学、信息融合、时间序列预测等众多基础性的研究领域，这其中同样包含大量具有挑战性的新课题。

　　社会经济意义：谣言的识别分类预测模型和关键技术的应用面很广，它是网络舆情态势分析、监控、预警、引导等研究的基础，对于维护国家安全、保持社会和谐稳定具有重要的现实意义。以在线社会网络为典型传播媒介的谣言信息具有鲜明的大数据的特点，如何从海量信息中自动提取关键特征，能否做到对谣言快速准确地识别和分类，以及能否进一步在谣言传播模型基础上做到及时准确地谣言传播预测，都将直接影响相关部门和政府机构对谣言的响应和决策，从而影响其是否能有效分析现有的网络安全和舆情监管问题，排除网络安全隐患，制定合理的网络监控和引导机制，因此其在网络安全、社会安全领域的应用价值十分巨大，社会经济效益也非常可观。

目前，从事谣言相关领域研究的单位较多，主要集中在科研院所，但因为立足点不同，既有理工科研单位也有社会人文科研单位，因此没有形成统一框架，水平差异也较大。近几年，我国科研人员投入大量精力展开了谣言传播的研究，取得了许多优秀研究成果。但是，针对谣言的早期识别检测、精准分类和传播预测等重要问题的研究还有待完善和深入。

## 9.1　国内外研究现状

对谣言传播早期的科学研究大多是仅仅对谣言语义的简单分类和统计，建立的传播模型也只是基于数学上的随机过程方法，高度抽象出一个难以描述真实传播过程的、难以求解的方程组[309]。在复杂网络成为最受关注的系统科学研究之后，出现了大量利用复杂网络传播动力学理论进行网络谣言传播的研究，比较有代表性的如 Potts 模型[310]、Zanette 小世界网络模型[311]、Nekovee 无标度网络模型[312]、Moreno 复杂网络模型[313] 等。这些模型虽然在谣言传播机制、传播率关系、传播阈值等方面获得了许多重要结论，但是对于真实环境下的谣言传播动因和传播动力学描述还是比较粗糙的[314]。随着研究领域的逐步细化，谣言的识别分类以及传播预测等研究课题也越来越成为关注的热点。传统的模式识别研究主要采用隐马尔可夫模型（HMM）和支持向量机（SVM）方法，不可避免地要借助人工进行特征的提取，在现今大数据的背景下，这类方法必然会消耗大量的人力、时间，导致模型的效率偏低，分类准确率也不高。[315, 316] 而传播趋势预测问题因为需要解决长期数据的存储表达和时序特征的提取等问题，已成为业界公认的研究难点[317]。目前，较多使用的时间序列统计分析和多主体适应系统（multi-agent System）等方法均没有很好地解决这些问题，模型也普遍存在预测精确度低和泛化能力弱等缺陷[318]。

近年来，国内外相关研究领域的一些学者注意到了这些问题，并从不同的角度运用不同方法去研究解决。Doerr 等通过分析社交网络上的谣言传播行为，得出了网络中的小连接度节点决定着谣言能够快速传播的重要结论[319]。周涛教授团队则证明了网络节点度、$H$ 指数与核数之间存在确定的关系，第一次揭示出了网络拓扑结构指标之间的深层次关系模式，也为谣言传播的研究打开了新的思路[320]。孙茂松教授团队以中文社交媒体新浪微博为研究平台，从定量统计、语义分析和时序分析等角度，对收集的 9 000 余条谣言信息进行了分析研究，并面向社交媒体提出了一套综合机器智能与群体智能的自动辟谣框架[321]。毛二松等提出了一种基于深层特征和集成分类器的微博谣言检测方法，对微博情感倾向性、微博传播过程和微博用户历史信息进行特征提取得到深层分类特征，利用分类特征训练集成分类器对微博谣言进行检测[322]。Lin 等考虑了谣言的虚假性和影响力两个重要因素，提出了一种用于微博谣言检测的深度序列上下文模型，将深层序列语境信息与社会特征相结合实现了谣言检测[323]。李明彩等使用最大熵模型，构建了网络环境中谣言信息的识别机制，通过对模型传统训练集和特征函数进行优化，有效解决了零概率事件问题[324]。张鹏等从网络谣言认知的角度出发，筛选 49 种网络谣言并通过 7 种谣言属性构建判断矩阵，采用 Hayashi 数量化理论的数值分析法计算各种网络谣言的得分，实现网络谣言的数量化分类[325]。张亚明等通过分析群体正负双重社会强化效用对个体传播行为的影响，构建了谣言传播动力学模型，计算了平衡点和基本再生数，并讨论了平衡点渐进稳定性问题[326]。Cheng 等考虑了个人兴趣衰减、记忆累积效应和感觉强度等与时间相关心理因素的影响，提出了一种改进的谣言传播模型，推导出动态平均场方程和传播阈值条件[327]。Guacho 等将新闻集合表示为多维张量，利用张量分解获得关于每一篇新闻文章的空间和上下文信息，并创建出一个表示整篇新闻的图，通过在这个图上传播有限的标签而实现了虚假新闻检测更好的准确性[328]。Bodaghi 等观察到用户在社交网络上的关注量与收到的谣言和辟谣消息的影响程度相关，并且随着时间的推移，谣言帖子的影响力会逐渐减弱，在此基础上提出了一种新的谣言传播模型，并基于 Twitter 真实数据集对其进行了评价，结果表明此模型能够更好地反映谣言在社交网络上的传播[329]。

以深度学习、图神经网络等为代表的新一代人工智能研究进展迅猛，在计算机视觉、语音识别、自然语言处理、人机对弈、无人驾驶、知识图谱等多个领域取得了突破性进展，这也为谣言的检测分类和时间序列预测等研究提供了全新的视野[330-333]。Ma 等首次将深度学习模型应用在社交媒体谣言检测问题上，利用 TF-IDF 计算得到各个时间段的微博文本向量，并输入双层的 GRU 网络学习事件的连续特征表示[334]。Chen 等提出了一种基于递归神经网络的深度注意力模型，该模型能对序列帖子的时间隐藏表示进行选择性学习，从而实现谣言的早期检测[335]。Yu 等利用 Event2vec 方法来学习社交媒体中事件的分布式表示，通过协同注意力挖掘事件内容和时间信息的重要性权重，并采用卷积神经网络实现虚假信息的早期检测[336]。刘勘等以双向LSTM 网络为基础加入统计量计算领域的分布差异提出一种深度迁移网络，训练过程中同时学习源领域的标签损失与领域间的分布差异，将迁移学习技术应用在分领域谣言检测场景下[337]。王志宏等提出了一种用于微博谣言事件自动检测的双层级联门控递归单元（CGRU）模型，分别采用自动构建的情绪词典来捕获人们对不同事件的细微情绪反应，以及使用包含情感信息的两步动态时间序列算法保留谣言事件的时间跨度分布信息[338]。李力钊等结合卷积神经网络（CNN）和门控循环单元（GRU）的优点，通过 CNN 的卷积层学习微博事件的特征表示，按时间顺序拼接成窗口特征序列，最后将其输入 GRU 中学习序列特征表示进行谣言事件检测[339]。Alkhodair 等研究了在社交媒体中传播的突发新闻谣言的检测问题，提出一种联合词嵌入和具有两个不同目标的递归神经网络的自动识别谣言方法，此策略简单而有效地缓解了话题转移问题[340]。Wu 等利用注意机制获取深层文本语义特征和强化情感语义特征，同时构造通用元数据作为辅助特征，并将它们串联起来进行不可信信息和谣言信息的分类[341]。Sejeong 等提出了一个基于深度强化网络的谣言分类算法，对用户、结构、语言和时间特征的相对强度进行了全面的分析和比较，探索了 Twitter 上谣言在不同时间窗口的分类性能水平，在短时间和长时间窗口都达到了具有竞争力的分类准确性[342]。Pierri 等研究了社交网络上低可信度、恶作剧、阴谋论、"标题党"等各类谣言，从谣言传播过程中的推送算法、回音室、人类偏见等角度评估推送信息网站的可靠性，并基于拓扑网络结构特征对谣言进行分类[343]。廖祥文等通过带有注意力机制的双向 GRU 网络，得到微博事件时间段序列的隐层表示，进而对微博谣言进行分类，在新浪微博数据集和 Twitter 数据集上均验证了该方法在社交媒体谣言检测和分类问题上的有效性[344]。Ruchansky 等提出了一种混合深度模型，采用单层 LSTM 神经网络学习谣言事件的隐层表示，并对"事件 – 用户"关系矩阵和"用户 – 用户"关系矩阵进行奇异值分解得到用户的全局特征，最后采用连接后的事件特征向量对谣言分类 [345]。Ma 等将谣言分类作为多任务学习的一个子任务，利用基于 RNNs 的多任务学习模型，得到事件的隐层表示，最后将事件按照真实性分为 4 个类别 [346]。王芳等分析了新冠肺炎疫情等重大公共突发事件下的网络谣言发生机制，提出谣言真实度参数改进谣言传播公式，构建基于深度学习的网络谣言传播规律的宏观模型 [347]。Tian 等提出一种双向图卷积网络（Bi–GCN），利用自顶向下的有向图来学习谣言传播的模式，同时利用反向有向图来捕获谣言扩散的结构特征 [348]。张蕾等提出的无限深度神经网络是一种具有反馈连接的回复式神经网，本质是一个动力学系统，更加适用于提取数据的时序特征，以进行大数据的预测 [349]。Xian 等对复合网络中包含的动态谣言进行了系统的理论研究，建立了表征学习的层次式双向长短时记忆模型，模型可以很好地预测案例中性能差异的谣言传播 [350]。许小可教授团队提出了一种参照零模型理论检验和量化实证网络传播影响因素的方法，并将该方法扩展到疾病传播和谣言传播等其他网络动力学研究中 [351]。李明和吕琳媛教授等研究了多层复杂网络包含的多个动力学相互作用范式，对网络动力学中的历史依赖机制进行了探讨，表明迭代或递归型的动力学过程的中间态是理解整个系统动力学过程和预测舆论与信息传播的重要环节 [352]。张菊平等考虑遗忘因素对谣言传播的影响，构建了具有真实信息传播者的 SITR 社交网络谣言传播模型，分析了真实信息传播者的初始值对谣言传播持续时间和传播趋势的影响 [353]。虽然随着特征设计的深入，基于机器学习的方法在谣言检测分类和传播预测等问题的性能上得到了逐步提升，但人工特征所存在的需要耗费人力、物力和时间来设计特征，鲁棒性不足，时间依赖性过大等问题仍无法得到较好的解决。

## 9.2　在线社会网络中的谣言识别分类和传播预测

在线社会网络中的谣言识别分类和传播预测是应该解决的主要问题。目前的研究普遍存在模型过于单一和简化、识别分类准确性不高、预测结果过分依赖长期历史数据、模型运行的时间和硬件要求过高、系统实用性不强等诸多问题。鉴于机器学习理论和方法在自然语言处理、模式识别、时间序列预测等领域所表现出的优秀性能，再考虑系统实现的可行性，运用强化学习、自注意力机制、长短时记忆模型和图神经网络等方法工具，构建谣言的早期检测、分类和传播预测模型，力争实现对谣言检测分类和传播预测的目前最优解，为谣言检测和预警提供有力的支撑。

　　本章采取的总体研究方法是：基于大量在线社会网络中的谣言信息数据来抽取各类特征参量，从理论上构建谣言早期检测和分类模型，并利用实验平台进行实例研究，揭示在线社会网络谣言传播扩散的内在规律，进而形成一套新的谣言传播预测理论和方法。如图 9-1 所示。

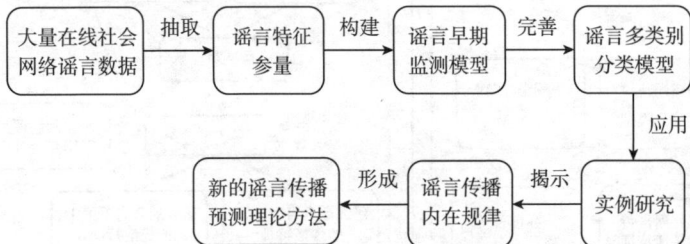

图 9-1　总体研究方法

　　本章的主要研究思路是：首先采集实际在线社会网络中的谣言数据，从中获取谣言的特征表示，并结合深度强化学习模型、自注意力机制、图神经网络等来构建谣言早期检测分类和传播预测模型以及实验平台。将实验平台演算结果与实际数据进行对比反馈，不断修正模型，以此提高模型的有效性和适用性。图 9-2 给出了总体研究方案，具体描述如下。

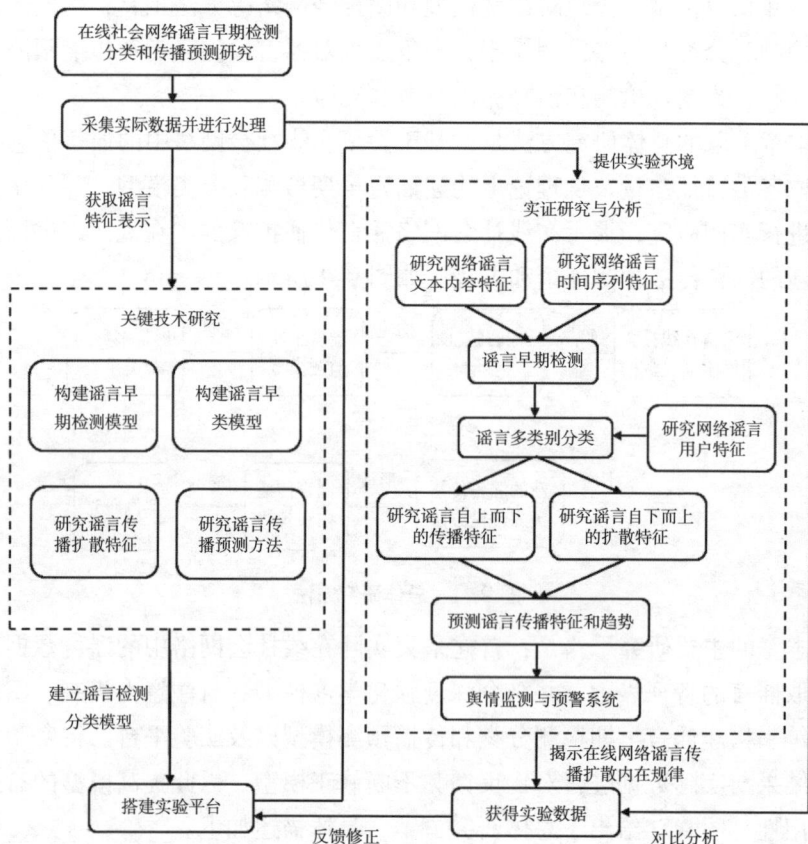

图 9-2　总体研究方案

## 9.3　基于深度强化学习的谣言早期检测模型

谣言的传播过程可简单地划分为潜伏期、暴发期与消逝期三个阶段。在传播过程中，谣言检测的延时时间和其生命周期呈近似的线性关系，且谣言传播的时间越长，越有可能被媒体或用户发现（尤其在暴发期及之后），但此时谣言可能已经造成了一定的破坏。因此，在谣言刚产生的几小时内，即其还处于潜伏期时实现早期检测是十分重要且必要的。现有研究大多集中在如何更准确地进行谣言检测，往往忽视了谣言检测的时效性需求。少数涉及谣言早期检测的研究，也只是用预先定义好的静态检测点前的数据进行检测，但是因为谣言早期所提供的信号特征是非常有限的，再加上不同的谣言在社交媒体上的出现时间并不相同，有些谣言会因为时间的设置过早而无法保证检测准确率，有些则会因为设置过晚而无法保证检测时效性。因此，无论使用基于内容的检测方法还是基于时间的检测方法，谣言检测的准确率和实时性都得不到很好的保证。

本章提出一种基于深度强化学习（deep reinforcement learning）的谣言早期检测模型，将在线社会网络中时间段内传播的信息作为输入，提取文本序列特征，然后通过一个深度强化学习模块对谣言的检测结果进行判断，同时为了避免谣言暴发和传播时序的差异性对检测结果的影响，采用一个与检测模块共同训练的动态观察点来触发谣言检测模块以给出正确结果，以此实现谣言的早期检测，同时保证检测的准确率。

设 $E = \{e_1, e_2, \cdots, e_n\}$ 表示一系列待检测事件，其中 $e_i = \{x_0, x_1, \cdots, x_T\}$ 表示一个事件，它由一系列相关的消息 $x_j$ 组成，其中 $x_0$ 表示源消息，$x_1$ 表示对源消息的第一个回复，$x_T$ 表示最后一个相关消息。谣言早期检测的目的是在保持可接受的检测准确率的同时，尽早做出是否是谣言的分类决策。如图 9-3 所示，基于深度强化学习的谣言早期检测模型由 2 个模块组成：①谣言检测模块（RDM），它对事件是否为谣言进行检测；②动态观察点模块（DOM），它决定何时触发谣言检测模块。

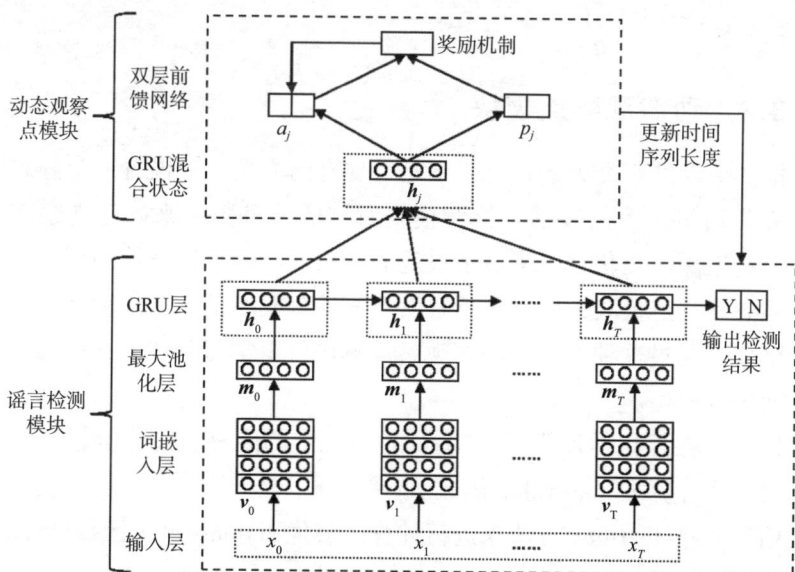

图 9-3　基于深度强化学习的谣言早期检测模型

### 9.3.1 谣言检测模块

谣言检测模块包含四个层：输入层（inputs）、词嵌入层（word embedding）、最大池化层（max-pooling）和门控循环单元（gate recurrent unit，GRU）。

首先，事件$e_i$的所有消息$x_j$作为输入序列。在词嵌入层中，将$x_j$中的单词映射成向量表示，得到每个词的向量$v_j^i$。为了提取每个消息最显著的特征，应用最大池化操作，生成一个固定大小的向量$m_j$：

$$m_j = \text{maxpool}([W_m v_j^0; W_m v_j^1; \cdots; W_m v_j^K])  \tag{9-1}$$

式中：$K$为消息中的单词数，$W$为所有方程中的模型参数。

然后，为了获得多个消息之间的时间关系，采用GRU循环神经网络来学习消息集合的序列特征$h_j$：

$$h_j = \text{GRU}(m_j, h_{j-1})  \tag{9-2}$$

最后，采用softmax函数输出谣言检测的最终结果$P$：

$$P = \text{softmax}(W_P h_N + b_P)  \tag{9-3}$$

式中：$P \in \mathbb{R}^2$，即$P^0$和$P^1$分别为是谣言和不是谣言的概率；$N$为某一事件的帖子总数。

### 9.3.2 动态观察点模块

当把一个事件归类为谣言时，不是与现有的方法一样设置一个静态的观察点，而是通过学习触发谣言检测模块所需的消息数量来确定观察点。为此，模型利用深度强化学习来确定最优的观察点。根据谣言检测模块的准确性奖励动态观察点模块，同时将不触发谣言检测模块的次数作为惩罚，并继续监视事件。通过这种方式，动态观察点模块可以学习到如何在准确率和时效性之间进行权衡。

具体地，在强化学习模块中将GRU中产生的隐藏状态作为输入，利用双层前馈网络计算action-value函数。

使用深度Q-learning方法来进行计算。最优action-value函数$Q^*(s,a)$被定义为状态$s$下采取行动$a$可获得的最大期望收益，其表达式为

$$Q*(s,a) = E_{s'_\varepsilon}[r + \gamma \max_{a'} Q_i(s',a') \mid s,a] \qquad (9\text{-}4)$$

式中：$r$ 为奖励值，$\gamma$ 为折扣率。选择所有行动序列 $a'$ 的最优值，使 $r + \gamma Q*(s',a')$ 的期望值最大化。

action-value 函数遵循下式进行迭代值更新，将会收敛并得到最优的 action-value 函数：

$$Q_{j+1}(s,a) = E[r + \gamma \max_{a'} Q_i(s',a') \mid s,a] \qquad (9\text{-}5)$$

在这个过程中，动态观察点模块会根据当前状态，计算出不同行动的奖励估值：

$$a_j = W_a(\mathrm{ReLU}(W_h h_j + b_h)) + b_a \qquad (9\text{-}6)$$

式中：$a_j \in \mathbb{R}^2$，即 $a_j^0$ 和 $a_j^1$ 分别为在消息 $x_j$ 后是终止或继续的行动值。为了增强模型的鲁棒性，一般可以设置一个随机的概率值 $\theta$，表示无论 $a_j$ 值为多少都不再继续采取行动。

## 9.3.3　联合训练

在模型训练过程中，联合训练谣言检测模块和动态观察点模块，训练过程类似于生成对抗网络。但是，一个关键的不同是，这两个模块是合作而不是对立的。动态观察点模块是行动序列的生成器，谣言检测模块是判别器。

首先基于交叉熵对谣言检测模块进行预训练，使其达到一定的准确率：

$$-\sum_i [L_i \lg(p_i^0) + (1 - L_i)(\lg(p_i^1))] \qquad (9\text{-}7)$$

式中：$L_i$ 为事件 $e_i$ 的真实分类的标签，$P_i$ 根据式 (9-3) 计算。

然后，在保持谣言检测模块参数不变的情况下训练动态观察点模块。在训练的每一步中，目前状态和先前状态首先被反馈给谣言检测模块，以产生新的状态，随后动态观察点模块使用这些状态来计算行动值。根据行动值决定系统继续操作还是终止操作。如果选择终止，根据谣言检测模块的预测给予奖励；否则，将进行惩罚：

$$r_j = \begin{cases} \lg M \\ -P \\ -\varepsilon \end{cases} \qquad (9\text{-}8)$$

式中：$M$ 为一个递增的数，在每次判断正确后，$M$ 值都会累积递增；$-P$ 为一个固定的惩罚系数；$-\varepsilon$ 为一个固定的微小惩罚系数，以促使动态观察点模块确定较早的观察点。

最后，交替训练两个模块，谣言检测模块学习到好的评估结果促使动态观察点模块找到更早的观察点，而动态观察点模块计算出来的新的观察点会反馈给下一个谣言检测模块，谣言检测模块适应新的观察点以给出正确结果。

## 9.4　基于自注意力机制的混合特征谣言分类模型

在线社会网络中的谣言早期检测任务实质上是一个二分类问题，模型的输入是一个包含有若干条消息的事件，输出是该事件对应的标签（谣言/非谣言），即输出该事件是否为谣言。谣言传播的早期可获得的信息有限，能够以较高的准确度快速识别出是否为谣言是一个实际的目标，而随着时间的延长，可获取的信息逐渐增加，充分挖掘各类特征进行谣言的准确分类将成为这一阶段的主要目标。

本章提出一种基于自注意力机制（self-attention）的混合特征谣言分类模型，首先将一定时间段内某一事件的所有谣言信息视为一个整体，采用分层的自注意力机制从内容特征层面提取出谣言的时间序列特征，然后再结合事件各个时间段的用户特征进行谣言特征混合表示，最后再次应用自注意力机制产生谣言的准确多分类结果。

如图 9-4 所示，基于自注意力机制的混合特征谣言分类模型由 3 个模块组成：①谣言时间序列特征提取模块，主要通过文本内容和时间序列提取谣言特征；②特征混合模块，主要将提取出的时间序列特征和用户特征进行混合表示；③谣言分类模块，主要将各时间段的混合特征表示作为输入，通过自注意力机制提取事件的隐层表达，进行谣言分类。

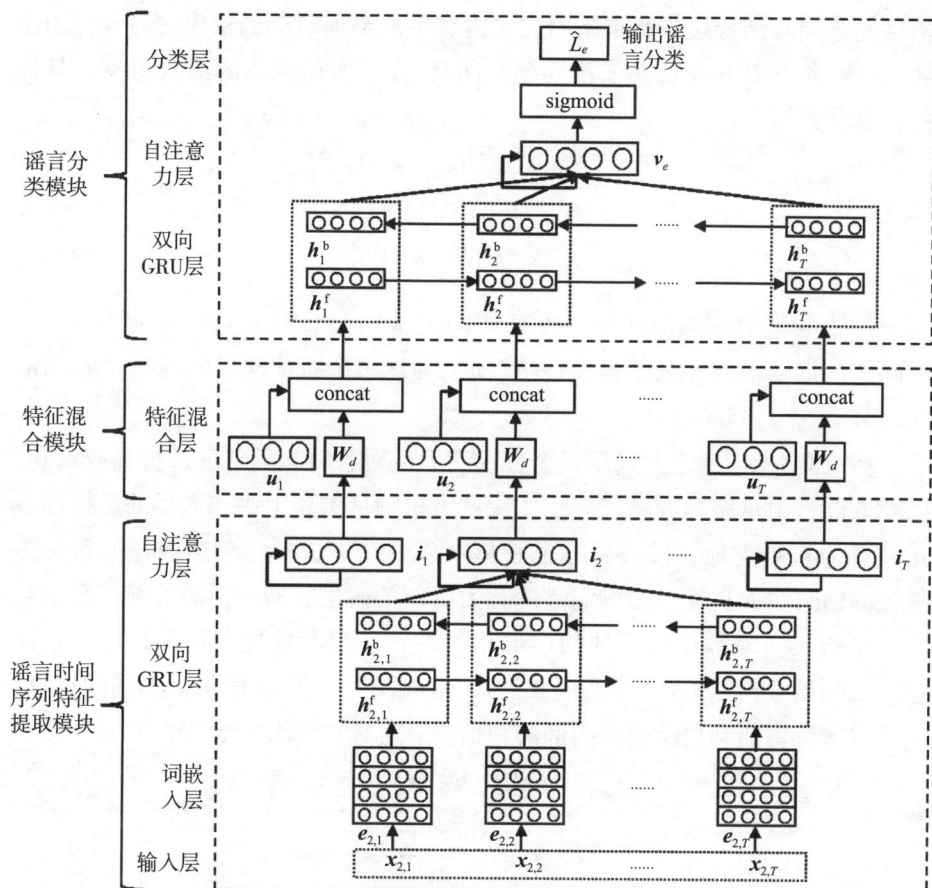

图 9-4　基于自注意力机制的混合特征谣言分类模型

## 9.4.1　谣言时间序列特征提取模块

谣言时间序列特征提取模块的总体结构与谣言早期检测模型中的谣言检测模块类似，也包含输入层、词嵌入层和 GRU 单元，但是为了从文本内容中学习各个时间段内谣言序列的隐层表示，模块引入了一个双向的 GRU 层和一个自注意力层。对于第 $t$ 个时间段，该模块的输入是时间段内各谣言信息的文本特征向量 $c_{t,k}$，其中 $k$ 表示该时间段内的第 $k$ 条信息，输出是所学习到的时间段内谣言序列的表示 $i_t$。

在事件的各时间段内，该模块采用双向 GRU 来提取时间段内谣言消息间的时序信息。传统的单向循环神经网络只考虑了过去信息，而双向 GRU

网络能够同时结合过去和未来的文本内容生成当前时刻的输出。另外，GRU和 LSTM 都可以解决长期依赖问题，而且 GRU 所需训练的参数更少。具体的计算公式如下：

$$h_{t,k}^{\mathrm{f}} = \overrightarrow{\mathrm{GRU}}(c_{t,k}), k \in [1,T] \tag{9-9}$$

$$h_{t,k}^{\mathrm{b}} = \overleftarrow{\mathrm{GRU}}(c_{t,k}), k \in [T,1] \tag{9-10}$$

$$h_{t,k} = (h_{t,k}^{\mathrm{f}}, h_{t,k}^{\mathrm{b}}) \tag{9-11}$$

式中：$h_{t,k}^{\mathrm{f}}$ 和 $h_{t,k}^{\mathrm{b}}$ 分别为前向和后向的 GRU 在 $k$ 时刻的输出；$T$ 为时间步长，即时间段内谣言消息序列的长度；$(h_{t,k}^{\mathrm{f}}, h_{t,k}^{\mathrm{b}})$ 为这两个特征向量的连接；$h_{t,k}$ 为双向 GRU 在 $k$ 时刻的输出。

在双向 GRU 层之上采用一个自注意力层对各时刻的特征进行加权求和，以获取谣言消息序列的隐层表示。注意力机制从本质上讲和人类的选择性视觉注意力机制类似，核心目标也是从众多信息中选择出对当前任务目标更关键的信息。而自注意力机制是注意力机制的改进，减少了对外部信息的依赖，更擅长获取数据或特征的内部相关性，从而有效提高模型效率。自注意力机制给双向 GRU 输出的隐状态序列 $(h_{t,1}, h_{t,2}, \cdots, h_{t,T})$ 赋予了不同的权重，能够有所侧重地利用时间段内的序列信息。具体计算公式如下：

$$v_{t,k} = \tanh(W_{\mathrm{c}}[h_{t,k}, h_{t,k'}] + b_{\mathrm{c}}) \tag{9-12}$$

$$a_{t,k} = \frac{\exp(v_{t,k}^T v_{\mathrm{c}})}{\sum \exp(v_{t,j}^T v_{\mathrm{c}})} \tag{9-13}$$

$$i_t = \sum_{k}^{j} a_{t,k} h_{t,k} \tag{9-14}$$

式中：$v_{t,k}$ 为经过 tanh 激活函数得到的 $h_{t,k}$ 的隐层表示；$v_{\mathrm{c}}$ 为随机初始化的权重值，通过对 $v_{t,k}$ 进行 softmax 标准化得到权重值 $a_{t,k}$；$i_t$ 为加权求和后得到的时间段内谣言消息的内容特征表示。

## 9.4.2　特征混合模块

特征混合模块包含一个全连接层和一个混合层，输入包括时间序列特征提取模块学习到的谣言消息内容特征表示 $i_t$ 以及通过特征工程方法获取到的用户特征 $u_t$，输出为时间段的混合特征表示 $d_t$。用户特征主要包括用户标签、用户比例、认证用户比例、用户声望得分和用户积极性等用户信息。将上一模块学习到的谣言消息内容特征表示 $i_t$ 送入一个全连接层，采用 tanh 函数作为激活函数，得到时间段内谣言消息序列的隐层表示 $f_t$：

$$f_t = \tanh(W_d i_t + b_d) \qquad (9\text{-}15)$$

然后，将谣言消息序列隐层表示 $f_t$ 与用户特征 $u_t$ 送入混合层进行连接，得到时间段的混合特征表示 $d_t$，其中包含时间段内谣言消息的时序信息、文本内容信息和用户信息：

$$d_t = (f_t, u_t) \qquad (9\text{-}16)$$

### 9.4.3 谣言分类模块

谣言分类模块的架构与时间序列特征提取模块的架构基本相同，也包含一个双向 GRU 层和一个自注意力层。双向 GRU 层接收各时间段的混合特征表示 $d_t$ 作为输入，同时结合历史和未来的时间段信息，生成当前时刻的隐含状态 $h_t$。具体计算公式与式（9-9）～（9-11）类似。同样，在双向 GRU 层之上增加一个自注意力层，使模型在时间段序列的表示时能够有所侧重地利用各个时间段的信息。自注意力层接收隐含状态 $h_t$，生成时间段序列的特征表示 $w_e$。具体计算公式与式（9-12）～（9-14）类似。$w_e$ 可以看作是最终得到的谣言事件的隐层表达，进而将该隐层表达送入一个全连接层，最后设置了 softmax 输出层用于最终谣言信息的分类：

$$\hat{L}_e = \sigma(W_e^{\mathrm{T}} w_e + b_e) \qquad (9\text{-}17)$$

本模型根据对谣言信息的特征分析和数据集的标注情况，将谣言类别设置为经济类谣言、政治类谣言、生活类谣言、健康类谣言、娱乐类谣言和其他类谣言 6 大类。在实际训练时还做了两方面的调整。其一是为了增强模型的泛化能力，通过爬虫技术从网络上爬取了大约 1 万条的新闻文本信息扩充进中文数据集；同时为了解决数据集中的谣言文本的类别不均衡的问题，采用类似图像翻转和截取的操作，在原始文本的基础上生成了新的文本信息，扩充数量偏少的类别。这样模型最终的分类类别也相应调整为原来设置的 6 大类谣言和非谣言类，总共 7 个类别。其二是在模型训练的过程中采用了一些有效的优化方法，如：通过指数衰减的方法设置梯度下降算法中的学习率，控制参数更新的速度；通过正则化方法限制权重的大小，解决模型过拟合的问题；通过滑动平均方法综合每轮迭代的模型，增强最终模型的健壮性；等等。

## 9.5　基于双通道 LSTM 的图神经网络谣言传播预测模型

长短时记忆（long short term memory，LSTM）模型是一种特殊结构的循环神经网络（recurrent neural network，RNN），它很好地解决了在训练过程中时间域上的梯度消失问题，使模型能够建立输入值之间的长时依赖关系。因此，LSTM 模型在语音识别、智能翻译和时间序列预测等领域均表现出了优于其他深层神经网络的性能。图神经网络（graph neural network，GNN）是一种近几年广泛用于非欧几里得数据结构的机器学习模型，它通过图的节点之间的消息传递来捕获图的依赖关系。与标准神经网络最大的不同在于，图神经网络保留了一种状态，可以表示来自其邻域的具有任意深度的信息。在前期研究工作中注意到，谣言传播的在线社会网络是一种典型的复杂网络结构，由于图神经网络在图域问题上的优良性能和较高的可解释性，可将之引入谣言传播预测的模型中。

本章提出了一种基于双通道 LSTM 的图神经网络谣言传播预测模型，构建图神经网络模块从谣言传播和谣言散布两个方面学习高层的表示，然后通过双通道 LSTM 融合谣言传播特征和谣言散布特征进行谣言传播预测。

如图 9-5 所示，基于双通道 LSTM 的图神经网络谣言传播预测模型由 3 个模块组成：①图神经网络模块，主要通过双向的图神经网络提取谣言传播特征和散布特征；②双通道 LSTM 模块，主要将提取出的谣言传播特征和散布特征进行时间序列增强表示；③谣言传播预测模块，主要将各时段的谣言传播特征和散布特征进行混合表示，预测谣言传播。

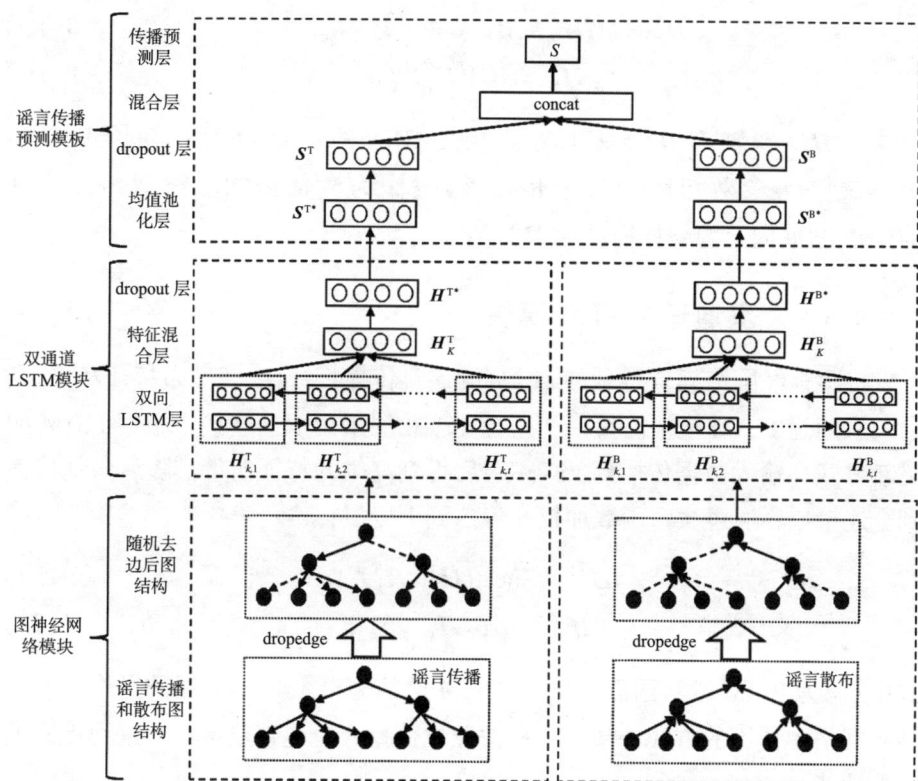

图 9-5  基于双通道 LSTM 的图神经网络谣言传播预测模型

## 9.5.1  图神经网络模块

基于谣言信息转发和响应关系，构建谣言事件$e_i$的网络传播结构$\langle V, E \rangle$。图神经网络模块由自顶向下的图神经网络（T-GNN）和自底向上的图神经网络（B-GNN）两部分组成，分别用于表示谣言在关系链上自上而下的因果特征，以及自下而上聚集的社区内扩散的结构特征。令$X$和$A \in \mathbb{R}^{n_i \times n_i}$分别表示特征矩阵及邻接矩阵，这里$A$只包含从上层节点到下层节点的边。为了避免过拟合问题，在每个训练阶段，以概率$P$随机去边（dropedge），此时两个分量的邻接矩阵是不同的，T-GNN 邻接矩阵表示为$A'$，B-GNN 邻接矩阵为$A'^T$，特征矩阵相同。dropedge 操作之后，分别使用 T-GNN 和 B-GNN 获得自顶向下传播特征和自底向上传播特征：

$$H_1^T = M(A', X; W_0^T) = \sigma(\hat{A}' X W_0^T) \qquad (9\text{-}18)$$

$$H_2^T = \sigma(\hat{A}' H_1^T W_1^T) \qquad (9\text{-}19)$$

式中：$H_1^T \in \mathbb{R}^{n \times v_1}$ 和 $H_2^T \in \mathbb{R}^{n \times v_2}$ 为两层 T-GNN 的隐藏特征；$W_0^T \in \mathbb{R}^{d \times v_1}$ 和 $W_1^T \in \mathbb{R}^{v_1 \times v_2}$ 为参数矩阵，采用 ReLU 函数作为激活函数。类似地，计算 B-GNN 自底向上隐藏特征 $H_1^B$ 和 $H_2^B$。

### 9.5.2 双通道 LSTM 模块

将图神经网络模块得到的 $t$ 时刻的谣言传播特征 $H_{k,t}^T$ 和散布特征 $H_{k,t}^B$ 分别输入双通道 LSTM 模块。每一个通道 LSTM 层采用双向连接，根据 LSTM 的更新方式，输入数据传播到 LSTM 层后得到高维的特征向量。随后向量传播到全连接层，通过激活函数加权并传播到下一层：

$$H_k^T = \text{concat}(H_{k,t}^T, H_{k,t-1}^T) \qquad (9\text{-}20)$$

$$H^{T*} = \sigma(\theta^T H_k^T + b) \qquad (9\text{-}21)$$

式中：$\sigma$ 为 ReLU 激活函数，$H_k^T$ 为 LSTM 层的输出。dropout 层的操作与卷积神经网络中使用的方式一致，随机按照比例抛弃全连接层节点，进而提升模型的性能。

### 9.5.3 谣言传播预测模块

经过双通道 LSTM 模块进行时间序列增强的谣言传播特征表示和散布特征表示在混合层通过集成学习进行结合，同时利用反向传播算法更新参数。dropout 层接收来自混合层的输出，操作过程与前述一致。最后输出网络谣言传播预测的结果。这里使用均值池化操作来聚合来自这两组节点表示的信息：

$$S^T = \text{MEAN}(H^{T*}) \qquad (9\text{-}22)$$

$$S^B = \text{MEAN}(H^{B*}) \qquad (9\text{-}23)$$

然后，将传播特征表示和散布特征连接起来，将信息合并：

$$S = \text{concat}(S^T, S^B) \qquad (9\text{-}24)$$

针对动态时间序列预测问题，本模型选择均方误差（mean squared error，MSE）作为损失函数。训练过程通过最小化预测值与真实值的均方误差进行。给定一组训练样本 $X = \{x_1, x_2, \cdots, x_m\}$，真实标签为 $y = \{y_1, y_2, \cdots, y_m\}$，$f(x, \Theta)$ 表示样本 $x$ 的预测值，损失函数定义为

$$L(X, y) = \frac{1}{2m} \sum_{i=1}^{m} \left\| f(x_i, \Theta) - y_i \right\|^2 \qquad （9-25）$$

在训练模型的时候使用基于梯度下降方法的反向传播算法来学习模型参数 $\Theta = \{W_*, U_*, V_*\}$。

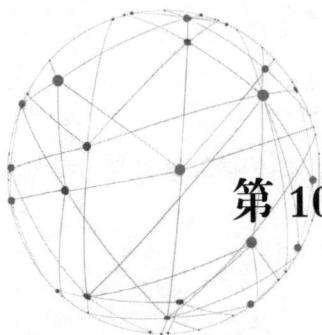

# 第 10 章　总结与展望

## 10.1　总结

本书的研究工作主要围绕复杂网络演化模型和网络舆论传播模型展开，涉及复杂网络统计特征分析、复杂网络演化模型构造、网络舆论传播特性研究、网络舆论传播演化模型建立、谣言传播模型研究以及复杂网络节点重要性评估等方面。下面简要总结本书的研究工作和主要创新点。

研究了复杂系统的网络描述以及网络结构的统计特性。主要包括平均路径长度、度和度分布、度 - 度相关性、群集系数、介数、社区结构以及节点强度、最大连通子图、模体、模块度、谱特征值、环系数等其他网络统计特性。细致分析了这些复杂网络统计特征的物理意义和数学表达式。

研究了四类经典的复杂网络演化模型，分别是规则网络模型、ER 随机网络模型、WS 小世界网络模型和 BA 无标度网络模型。对每一种网络模型都说明了其模型的创建思想和构造算法，分析和比较了生成网络的平均路径长度、度和度分布、群集系数等几个主要描述网络拓扑的特征属性。分别用平均场方法、率方程方法、主方程方法和马尔可夫链方法计算出了 BA 无标度网络度分布的数学表达式。根据网络节点的度分布特性得到的重要结论是，前三种模型生成的网络为均匀网络，而 BA 网络模型则为无标度的非均匀网络。另外，研究了其他重要的复杂网络演化模型，包括 NW 小世界网络模型、AB 网络模型、适应度模型、混合演化模型、加速增长网络模型、局域世界演化模型、HK 网络模型、耦合网络生长模型、分形网络模型、BBV加权网络模型等。这些复杂网络模型采用不同的生长机制和连接策略，生成的复杂网络在网络拓扑属性方面都表现出一定的共性和差异。

研究了网络舆论在复杂网络上的传播演化特性，系统分析了 Sznajd 模型、Deffuant 模型、KH 模型、Galam 模型、Voter 模型、多维观点模型以及社会影响模型、博弈论模型、加权网络舆论演化模型等重要的网络舆论传播演化模型。本书详述了这些模型的理论原理和演化机制，分析研究了其在复杂网络上的动力学行为。对于复杂网络中三种基本的扩散传播模型——SI 模型、SIS 模型和 SIR 模型，分别给出了传播动力学方程和方程的解，得出了模型在无标度网络和小世界网络上的阈值理论。

研究了基于深度强化学习等新一代人工智能方法和技术的高准确度谣言早期检测模型的设计与应用问题。通过对谣言文本内容时间序列特征和用户特征的提取并进行混合表示，从而对谣言信息进行准确的多类别分类。系统研究复杂在线社会网络环境下谣言传播行为和传播效率，通过图神经网络模型提取谣言的传播特征和散布特征，训练双通道长短时记忆神经网络模型，以获得最佳的谣言传播预测效果。

本书主要的创新工作有以下几方面。

针对真实网络的生长演化规律，以及 BA 模型和原始的节点吸引力模型所存在的问题，提出了一种基于节点吸引力的可调参数复杂网络模型。运用平均场理论，细致严谨地推导出了网络度分布的表达式。然后通过仿真实验，分别在平均路径长度、群集系数和度分布等方面与 Dorogovtsev 模型和 NAM 模型进行了比较。理论研究与仿真实验分析表明，网络度分布仍然服从幂率分布，并且具有较高的群集系数和平均路径长度。因此，可以通过调节模型的参数来灵活地调整网络的生长演化过程，使之更加符合真实网络的拓扑结构和统计特性。

研究了谣言传播的特性和对谣言传播产生影响的因素。简要分析了 DK 模型、Potts 模型、元胞自动机模型、Zenette 小世界网络模型、Moreno 复杂网络模型等谣言传播模型在复杂网络上的动力学特征。通过引入谣言接受度函数的概念，建立了一个具有非一致传播率的无标度网络谣言传播模型。在无标度网络上运用平均场方法建立起相应的动力学方程，计算出在不同的谣言接受度函数下模型的传播阈值。通过仿真实验模拟发现，不同的谣言接受度函数均可减缓谣言的传播速度，降低传播的规模。并且谣言在无标度网络上的传播阈值明显增加，可以有效抑制谣言的暴发和减小其传播范围。

研究了节点重要性评估的众多方法，通过引入节点拓扑势的概念，分别建立了基于拓扑势的加权网络节点重要性评估方法和基于拓扑势的网络舆论节点重要性评估方法。细致描述了算法流程，讨论分析了算法参数和复杂性。通过实验分析可以看出，本书提出的方法因为综合考虑了节点在复杂网络中的拓扑结构性质和节点自身的属性，所以相比于节点度、介数、接近度等传统的评估方法更加准确地显示出了节点在网络中的位置信息和差异，对于网络舆论传播的理论研究和实际管控都有重要的参考价值。

建立了基于深度强化学习的谣言早期检测模型，通过对少量谣言文本内容的学习过程，实现谣言时序信息特征的自动提取，并通过动态观察点模块实现对谣言的早期准确识别。建立了基于自注意力机制的混合特征谣言分类模型，通过自注意力机制从谣言内容时间序列特征和用户特征这两个层面挖掘其重要高层特征，最后通过谣言特征的混合表示产生谣言的准确分类。建立了基于 LSTM 和图神经网络的谣言传播预测模型，通过图神经网络结构提取谣言传播特征和散布特征，训练双通道 LSTM 神经网络模型，获得了稳定的网络结构和高准确度的预测结果。

## 10.2　展望

本书在复杂网络和网络舆论的一些重点方面进行了研究，取得了一定的阶段性研究成果。但是此课题还有许多尚未解决的问题，需要进一步地深入研究和探讨。

复杂网络统计特性的研究。复杂网络的统计特征是描述复杂网络拓扑结构和内在属性的重要依据。目前，以无标度特性、小世界效应和分形结构、社区结构等为标志的研究非常活跃，但是复杂网络中仍然存在没有被发现的一些特征属性，并且有很多实际网络不能由无标度性和小世界性所描述。因此，需要进一步探索复杂网络的内在特征的表示和动因。

复杂网络生长演化模型的研究。到目前为止，复杂网络所研究的网络结构基本上属于规则网络、随机网络、小世界网络和无标度网络的范畴。然而，这四种网络类型与实际的复杂网络结构之间还存在或多或少的差异，如何构建出新的网络模型以更加符合真实复杂网络的统计特性，仍是一个值得深入研究的问题。

复杂网络上的动力学研究。由于网络结构的复杂性、动力学机制的随机性等特点，复杂网络上的演化博弈行为、传播动力学、人类行为动力学、逾渗过程、鲁棒性、同步能力、混沌现象、相变、临界自组织现象和高可靠性控制等动力学行为都还未能从数学上得到严格的分析与证明，只能依赖于大量的数值仿真实验，可以说仍处于研究的起步阶段。今后复杂网络动力学的各项相关研究，特别是复杂网络拓扑结构对复杂网络动力学的影响必然会成为热门的研究方向。

个人因素和外部环境对于网络舆论形成和演化带来的影响。目前，网络舆论的理论研究大多关注的是网络整体的动力学行为，而往往忽略了个体的心理因素，但是在舆论的形成和传播演化的过程中，个体的心理状态是一个主要的引导因素。虽然无法从细节上完全还原个体的心理过程，但是可以利用社会心理学中已经成熟的理论去考察模型的适用性，并由此进行改进，设计并实现针对某类特定话题的舆论演化模型。同样地，政治、文化、法律法规、伦理道德等外部因素对舆论的传播也有重要的影响，今后应该充分借鉴其他学科的知识和技术，将其应用于网络舆论的研究中。

网络舆论的研究。舆论话题的提取、舆情态势的预测和引导策略等是舆论研究的另一些重要方面。采用何种手段快速准确地从海量的网络信息中提取出重要的舆论话题以及准确辨识个人的感情倾向，一直是让科研工作者头疼的问题。舆论研究的一个主要目的就是在一定程度上对舆论演化的趋势进行预测，并在此基础上对网络舆论演进过程进行引导与干预，以降低网络舆论所带来的负面影响。因此，有关这些方面的探索也是今后网络舆论研究的重要方向。

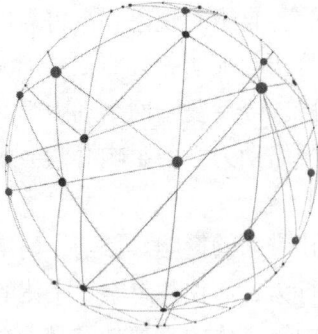

# 参 考 文 献

[1] RAPOPORT A, HORVATH W J. A study of a large sociogram[J]. Behav. Sci., 1961, 6 (4) : 279–291.

[2] NEWMAN M E . The structure of scientific collaboration networks[J]. PNAS, 2001, 98 (2) : 404–409.

[3] AMARAL L A, SCALA A, BARTHELEMY M, et a1. Classes of small–world networks[J]. PNAS, 2000, 97 (21) : 11149–11152.

[4] SERRANO M Á, BOGUÑÁ M. Topoloty of the world trade web[J]. Phys. Rev. E, 2003, 68 (1) : 015101.

[5] PASTOR–SATORRAS R, VESPIGNANI A. Epidemic dynamics and endemic states in complex networks[J]. Phys. Rey. E, 2001, 63 (6) : 066117.

[6] CAMACHO J, GV R, AMARAL LAN. Robust patterns in food web structure[J]. Phys. Rev. Lett., 2002, 88(22): 228102.

[7] GURNEY K. An introduction to neural networks[M]. London: UCL Press, 1997.

[8] JEONG H, TOMBOR B, ALBERT R, et a1. The large–scale organization of metabolic network[J]. Nature, 2000, 407 (6804) : 651–654.

[9] JEONG H, MASON S P, BARABASI AL, et a1. Lethality and centrality in protein networks[J]. Nature, 2001, 411 (6833) : 4l–42.

[10] REDNER S. How popular is your paper? An empirical study of the citation distribution[J]. Eur. Phys. J. B, 1998, 4 (2) : 131–134.

[11] PASTOR–SATORRAS R, VAZQUEZ A, VESPIGNANI A. Dynamical and correlation properties of the Internet[J]. Phys. Rev. Lett., 2001, 87(25): 258701.

[12] ALBERT R, JEONG H, BARABÁSI A L. Diameter of the world wide web[J]. Nature, 1999, 401 (6749) : 130–131.

[13] AIEILO W, CHUNG F, LU L. A random graph model for massive graphs[C]// Proceedings of the 32nd ACM Symposium on the Theory of Computing. New York: Association of Computing Machinery, 2000: 171–180.

[14] WATTS D J, STROGATZ S H. Collective dynamics of small–world networks[J]. Nature, 1998, 393(6684): 440–442.

[15] NEWMAN M E, FORREST S, BALTHROP J. Email networks and the spread of computer viruses[J]. Phys. Rev. E, 2002, 66 (3) : 035101.

[16] SEN P, DASGUPTA S, CHATTERJEE A, et al. Small–world properties of the Indian railway network[J]. Phys. Rev. E, 2003, 67 (3) : 036106.

[17] BARABÁSI A L, ALBERT R. Emergence of scaling in random networks[J]. Science, 1999, 286 (5439) : 509–512.

[18] GIRVAN M, NEWMAN M E J. Community structure in social and biological networks[J]. PNAS, 2002, 99 (12) : 7821–7826.

[19] ERDÖS P, RÉNYI A. On the evolution of random graphs[J]. Publications of the Mathmatical Institute of the Hungarian Academy of Sciences, 1960 (5) : 17–61.

[20] STROGATZ S H. Exploring complex networks[J]. Nature, 2001, 410 (6825): 268–276.

[21] ALBERT R, BARABÁSI A L. Statistical mechanics of complex networks[J]. Reviews of Modern Physics, 2002, 74 : 47–97.

[22] NEWMAN M E. The structure and function of complex networks[J]. SIAM Review, 2003, 45(2): 167–256.

[23] MOORE C, NEWMAN M E. Epidemics and percolation in small–world networks[J]. Phys. Rev. E, 2000, 61 (5) : 5678–5682.

[24] 史明江, 李翔, 汪小帆. 基于复杂网络理论的即时通讯病毒研究 [J]. 计算机工程与应用, 2006, 42 (11) : 110–115.

[25] JAEGER M E, ANTHONY S, ROSNOW R L. Who hears what from whom and with what effect: A study of rumor[J]. Personality and Social Psychology Bulletin, 1980, 6(3): 473–478.

[26] FERRER–I–CANCHO R, SOLÉ R V. The small world of human language[J]. Proc. R. Soc. Lond. B, 2001, 268(1482): 2261–2265.

[27] STAUFFER D. Sociophysics simulations II: opinion dynamics[C]//Proceedings of AIP Conference. Spain: Granada, 2005: 56–68.

[28] 汪小帆, 李翔, 陈关荣. 复杂网络理论及其应用 [M]. 北京: 清华大学出版社, 2006.

[29] 方锦清, 汪小帆, 郑志刚, 等. 一门崭新的交叉科学: 网络科学（上）[J]. 物理学进展, 2007 (3), 27:239–343.

[30] 方锦清, 汪小帆, 郑志刚, 等. 一门崭新的交叉科学: 网络科学（下）[J]. 物理学进展, 2007 (4), 27:361–448.

[31] WATTS D J. The "new" science of networks[J]. Annual Review of Sociology, 2004, 30(1): 243–270.

[32] ALEXANDERSON G L. About the cover: Euler and Königsberg's bridges: A historical view[J]. Bulletin of the American Mathematical Society, 2006, 43(4): 567–573.

[33] 王树禾. 图论 [M]. 北京: 科学出版社, 2004.

[34] ERDÖS P, RÉNYI A. On the strength of connectedness of a random graph[J]. Acta Math. Sci. Hungary, 1961 (12) : 261–267.

[35] BOLLOBAS B. Random graph[M]. London: Academic Press, 1985.

[36] VÁZQUEZ A, PASTOR–SATORRAS R, VESPIGNANI A. Large–scale topological and dynamical properties of the Internet[J]. Phys. Rev. E, 2002, 65 (6) : 066130.

[37] LATORA V, MARCHIORI M. Is the Boston subway a small–world network?[J]. Physica A, 2002, 314(1–4): 109–113.

[38] WU J J, GAO Z Y, SUN H J, et al. Urban transit system as a scale–free network[J]. Modern Physics Letters B, 2004, 18(19–20): 1043–1049.

[39] LAZERSON M. Factory or putting–out? Knitting networks in Modena[M]//GRABHER G. The Embedded Firm: On the socioeconomics of iIndustrial networks. New York: Routledge, 1993: 203–226.

[40] MILGRAM S. The small world problem[J]. Psychology Today, 1967, 1 (1) : 61–67.

[41] SONG C, HAVLIN S, MAKSE H A. Self-similarity of complex networks[J]. Nature, 2005, 433: 392–395.

[42] AIELLO W, CHUNG F, LU L. Random evolution in massive graphs[M]//ABELLO J, PARDALOS P M, RESENDE M G C. Handbook of massive data sets. Dordrecht: Kluwer, 2002: 97–122.

[43] HU Y, ZHU D. Empirical analysis of the worldwide maritime transportation nework[J]. Physica A, 2009, 388 (10) : 2061–2071.

[44] PERRA N, ZLATIĆ V, CHESSA A, et al. PageRank equation and localization in the WWW[J]. Europhys. Lett., 2009, 88 (4) : 48002.

[45] BARABÁSI A L.  Linked: the new science of networks[M]. Cambridge, MA: Perseus Publishing, 2002.

[46] 李春光. 复杂网络建模及其动力学性质的若干研究 [D]. 成都 : 电子科技大学 , 2004.

[47] COSTA L D A, RODRIGUES F A, TRAVIESO G, et al. Characterization of complex networks: A survey of measurements[J]. Adv. Phys., 2007, 56: 167–242.

[48] DOROGOVTSEV S N, MENDES J F. Evolution of networks[J]. Advances in Physies, 2002, 51 (4) : 1079–1187.

[49] BARRAT A, BARTHÉLÉMY M, VESPIGNANI A. Modeling the evolution of weighted Networks[J]. Physical Review E, 2004, 70(6): 1–13.

[50] ANDRADE J S, HERRMANN H J, ANDRADE R F, et al. Erratum: Apollonian networks: Simultaneously scale–free, small world, Euclidean, space filling, and with matching graphs[J]. Phys. Rev. Lett., 2009, 102 (7) : 079901.

[51] LI X, CHEN G. A local world evolving network model[J]. Physica A, 2003, 328 (1–2) : 274–286.

[52] BOCCALETTI S, LATORA V, MORENO Y, et al. Complex networks: Structure and dynamics[J]. Phys. Rep., 2006, 424 (4–5) : 175–308.

[53] BARABÁSI A L. Scale–free networks: A decade and beyond[J]. Science, 2009, 325 (5939) : 412–413.

[54] 吴金闪 , 狄增如. 从统计物理学看复杂网络研究 [J]. 物理学进展 , 2004, 24 (1) : 18–46.

[55] DOROGOVTSEV S N, GOLTSEV A V, MENDES J F. Critical phenomena in complex networks[J]. Rev. Mod. Phys., 2008, 80 (4) : 1275–1335.

[56] CASTLLANO C, FORTUNATO S, LORETO V. Statistical physics of social

dynamics[J]. Rev. Mod. Phys., 2009, 81 (2) : 591–646.

[57] ARENAS A, DIAZ–GUILERA A, KURTHS J, et al. Synchronization in complex networks[J]. Phys. Rep., 2008, 469 (3) : 93–153.

[58] 赵明, 汪秉宏, 蒋品群, 等. 复杂网络上动力系统同步的研究进展 [J]. 物理学进展, 2005,25(3):273–295.

[59] 方锦清. 非线性网络的动力学复杂性研究的若干进展 [J]. 自然科学进展, 2007, 17 (7) : 841–857.

[60] COMELLASA F, SAMPELS M. Deterministic small–world networks[J]. Physica A, 2002, 309 (1–2): 231–235.

[61] DOROGOVTSEV S N, MENDES J F F. Scaling behavior of developing and decaying networks[J]. Europhys. Lett., 2000, 52 (1) : 33–39.

[62] KRAPIVSKY P L, REDNER S, LEYVRAZ F. Connectivity of growing random networks[J]. Phys. Rev. Lett., 2000, 85 (21) : 4629–4632.

[63] KRAPIVSKY P L, REDNER S. A statistical physics perspective on Web growth[J]. Computer Networks, 2002, 39 (3) : 261–276.

[64] WANG W X, WANG B H, HU B, et al. General dynamics of topology and traffic on weighted technological networks[J]. Phys. Rev. Lett., 2005, 94(18): 188702.

[65] ALBERT R, BARABÁSI A L. Topology of evolving networks: Local events and universality[J]. Phys. Rev. Lett., 2000, 85 (24) : 5234–5237.

[66] KRAPIVSKY P L, REDNER S. Organization of growing random networks[J]. Phys. Rev. E, 2001, 63(6): 066123.

[67] BARRAT A, BARTHÉLÉMY M, PASTOR–SATORRAS R, et al. The architecture of complex weighted networks[J]. Proceedings of the National Academy of Sciences of the United States of America, 2004, 101(11): 3747–3752.

[68] BARRAT A, BARTHÉ1ÉMY M, VESPIGNANI A. Dynamical processes on complex networks[M]. Cambridge: Cambridge University Press, 2008.

[69] LI C, MALNI P K. An evolving network model with community structure[J]. J. Phys. A., 2005, 38 (445) : 9741–9749.

[70] LI W, WANG X. Adaptive velocity strategy for swarm aggregation[J]. Phys. Rev. E, 2007, 75(2): 021917.

[71] ZHAO G, LU F F. Security of several public key algorithms chaos-based proposed recently[C]// 2006 International Conference on Communication. IEEE Press, 2006, 6: 1573-1576.

[72] 宋莉雅, 李翔, 汪小帆. 互联网的局域世界演化模型仿真研究 [J]. 计算机仿真 ,2006, 23(10):103-108.

[73] FORTUNATO S. Damage spreading and opinion dynamics on scale-free networks[J]. Physica A, 2005, 348: 683-690.

[74] MORENO Y, NEKOVEE M, PACHECO A F. Dynamics of rumor spreading in complex networks[J]. Phys. Rev. E, 2004, 69 (6) : 06613.

[75] KUPERMAN M, ZANETTE D. Stochastic resonance in a model of opinion formation on small-world networks[J]. Eur. Phys. J. B, 2002, 26 (3) : 387-391.

[76] RAMASCO J J, DOROGOVTSEV S N, PASTOR-SATORRAS R. Self-organization of collaboration networks[J]. Phys. Rev. E, 2004, 70(3): 036106.

[77] MOTTER A E. Cascade control and defense in complex networks[J]. Phys. Rev. Lett., 2004, 93(9): 098701.

[78] CRUCITTI P, LATORA V, MARCHIORI M. Model for cascading failures in complex networks[J]. Phys. Rev. E, 2004, 69(4): 045104.

[79] LACASA L, LUQUE B, BALLESTEROS F, et al. From time series to complex networks: The visibility graph[J]. PNAS, 2008, 105(13): 4972-4975.

[80] BAKKE H, HANSEN A, KERTÉSZ J. Failures and avalanches in complex networks[J]. Europhys. Lett., 2006, 76 (4) : 717-723.

[81] LATORA V, MARCHIORI M. Vulnerability and protection of infrastructure[J]. Phys. Rev. E, 2005, 71: 015103.

[82] WANG X F, CHEN G. Synchronization in small-world dynamical networks[J]. International Journal of Bifurcation and Chaos, 2002, 12 (1) : 187-192.

[83] DELGADO J. Emergence of social conventions in complex networks[J]. Artificial Intelligence, 2002, 141(1-2): 171-185.

[84] SPORNSA O, CHIALVO D R, KAISER M, et al. Organization, development and function of complex brain networks[J]. Trends in Cognitive Science, 2004, 8(9): 418-425.

[85] RAVASZ E, SOMERA A L, MONGRU D A, et al. Hierarchical organization of

modularity in metabolic networks[J]. Science, 2002, 297 (5586) : 1551–1555.

[86] DE MOURA A P S, LAI Y C, MOTTER A E. Signatures of small–world and scale–free properties in large computer programs[J]. Phys. Rev. E, 2003, 68(1): 017102.

[87] 胡海波. 在线社会网络的结构、演化及动力学研究 [D]. 上海 : 上海交通大学 , 2010.

[88] ADAMIC L A, LUKOSE R M, PUNIYANI A R, et al. Search in power–law networks[J]. Phys. Rev. E, 2001, 64(4): 046135.

[89] FRONCZAK A, FRONCZAK P, HOLYST J A. Average path length in random networks[J]. Phys. Rev. E, 2004, 70(5): 056110.

[90] LATORA V, MARCHIORI M. Efficient behavior of small–world networks[J]. Phys. Rev. Lett., 2001, 87 (19) : 198701.

[91] ZHANG Z Z, ZHOU S G. Correlations in random Apollonian network[J]. Physica A: Statistical Mechanics and Its Applications, 2007, 380 (1–2) : 621–628.

[92] DURAND M, WEAIRE D. Optimizing transport in a homogeneous network[J]. Phys. Rev. E, 2004, 70 (4) : 046125.

[93] MOTTERL A E, ZHOU C S, KURTHS J. Network synchronization, diffusion, and the paradox of heterogeneity[J]. Phys. Rev. E, 2005, 71(1): 016116.

[94] WANG X, CHEN G. Complex networks: Small–world, scale–free and beyond[J]. IEEE Circuits and Systems Magazine, 2003, 3(1): 6–20.

[95] NEWMAN M E J. Assortative mixing in networks[J]. Phys. Rev. Lett., 2002, 89 (20) : 208701.

[96] PELTOMÄKI M, ALAVA M. Correlations in bipartite collaboration networks[J]. Journal of Statistical Mechanics: Theory and Experiment, 2006, 2006 (1) : 01010.

[97] ZHANG Z Z, RONG L L, COMELLAS F. High dimensional random Apollonian networks [J]. Physica A, 2006, 364: 610–618.

[98] GARCIA-DOMINGO J L, JUHER D, SALDAÑA J. Degree correlations in growing networks with deletion of nodes[J]. Physica D: Nonlinear Phenomena, 2008, 237 (5) : 640–651.

[99] RAVASZ E, BARABÁSI A L. Hierarchical organization in complex networks[J]. Phys. Rev. E, 2003, 67 (2) : 026112.

[100] FREEMAN L C. A set of measures of centrality based on betweenness[J].

Sociometry, 1977, 40 (1) : 35–41.

[101] FREEMAN L C. Centrality in social networks conceptual clarification[J]. Social Networks, 1978–1979, 1 (3) : 215–239.

[102] GOH K I, OH E, JEONG H, et al. Classification of scale–free networks[J]. Proc. Natl. Acad. Sci., 2002, 99 (20) : 12583–12588.

[103] NEWMAN M E J, Girvan M. Finding and evaluating community structure in networks [J]. Phys. Rev. E, 2004, 69: 026113.

[104] NEWMAN M E J. Fast algorithm for detecting community structure in networks[J]. Phys. Rev. E, 2004, 69(6): 066133.

[105] BLONDEL V D, GUILLAUME J L, LAMBIOTTE R, et al. Fast unfolding of community hierarchies in large networks[J]. Journal of Statistical Mechanics: Theory and Experiment, 2008 (10) : 10008.

[106] NEWMAN M E J. Modularity and communities structure in networks[J]. PNAS, 2006, 103(23): 8577–8582.

[107] WHITE S, SMYTH P. A spectral clustering approach to finding communities in graphs[C]// KAMATH C, GOODMAN A. Proc. of the 5th SIAM Int' l Conf. on Data Mining. Philadelphia: SIAM, 2005: 76–84.

[108] PONS P, LATAPY M. Computing communities in large networks using random walks[C]// YOLUM P. Proc. of the 20th Int' l Symp. on Computer and Information Sciences. Berlin: Springer–Verlag, 2005: 284–293.

[109] WU F, HUBERMAN B A. Finding communities in linear time: A physics approach[J]. European Physical Journal B, 2004, 38(2): 331–338.

[110] 刘发升, 罗延榕. 基于多种群遗传算法的复杂网络社区结构发现 [J]. 计算机应用研究, 2012,29(4):1237–1240.

[111] 罗锦坤, 元昌安, 杨文, 等. 基于基因表达式编程算法的复杂网络社区结构划分 [J]. 计算机应用,2012,32(2):317–321.

[112] RAGHAVAN U N, ALBERT R, KUMARA S. Near linear time algorithm to detect community structures in large–scale networks[J]. Phys. Rev. E, 2007, 76(3): 036106.

[113] PALLA G, DERÉNYI I, FARKAS I, et al. Uncovering the overlapping community

structures of complex networks in nature and society[J]. Nature, 2005, 435(7043): 814–818.

[114] HAN J D, BERTIN N, HAO T, et a1. Evidence for dynamically organized modularity in the yeast protein–protein interaction network[J]. Nature, 2004, 430(6995): 88–93.

[115] ITZKOVITZ S, ALON U. Subgraphs and network motifs in geometric networks[J]. Phys. Rev. E, 2005, 71 (2) : 026117.

[116] MILO R, SHEN–ORR S, ITZKOVITZ S, et al. Network motifs: Simple building blocks of complex networks[J]. Science, 2002, 298(5594): 824–827.

[117] FARKAS I J, DERÉNYI I., BARABÁSI AL, et al. Spectra of "real–world" graphs: Beyond the semicircle law[J]. Phys. Rev. E, 2001, 64 (2) : 026704.

[118] KIM H J, KIM J M. Cyclic topology in complex network[J]. Phys. Rev. E, 2005, 72 (3) : 036109.

[119] ERDÖS P, RÉNYI A. On random graphs[J]. Publications Mathematician, l959 (6) : 290–297.

[120] BOLLOBÁS B. Degree sequences of random graphs[J]. Discrete Mathematics, 1981, 33(1): 1–19.

[121] BARRAT A, WEIGHT M. On the properties of small–world networks[J]. Eur. Phys. J. B, 2000, 13: 547–560.

[122] NEWMAN M E J, WATTS D J. Renormalization group analysis of the small–world network model[J]. Phys. Lett. A, 1999, 263(4–6): 341–346.

[123] BARTHÉLÉMY M, AMARAL L A N. Small–world networks: Evidence for a crossover picture[J]. Phys. Rev. Lett., 1999, 82(15): 3180–3183.

[124] NEWAMN M E J, MOORE C, WATTS D J. Mean–field solution of the small–world network model[J]. Phys. Rev. Lett., 2000, 84: 3201–3204.

[125] COHEN R, HAVLIN S. Scale–free networks are ultrasmall[J]. Phys. Rev. Lett., 2003, 90 (5) : 058701.

[126] FRONCZAK A, FRONCZAK P, HOLYST J A. Mean–field theory for clustering coefficients in Barabási–Albert networks[J]. Phys. Rev. E, 2003, 68 (4) : 046126.

[127] BARABÁSI A L, ALBERT R, JEONG H. Mean–field theory for scale–free random networks[J]. Physica A: Statistical Mechanics and Its Applications, 1999, 272(1–2): 173–187.

[128] DOROGOVTSEV S N, MENDES J F F, SAMUKHIN A N. Structure of growing networks with preferential linking[J]. Phys. Rev. Lett., 2000, 85(21): 4633–4636.

[129] SHI D, CHEN Q, LIU L. Markov chain–based numerical method for degree

distributions of growing networks[J]. Phys. Rev. E, 2005, 71(3): 036140.

[130] ALBERT R, BARABÁSI A L. Topology of evolving networks: Local events and universality[J]. Phys. Rev. Lett., 2000, 85(24): 5234–5237.

[131] BIANCONI G, BARABÁSI A L. Competition and multiscaling in evolving networks [J]. Europhysics Letters, 2001, 54(4): 436–442.

[132] BIANCONI G, BARABÁSI A L. Bose–Einstein condensation in complex networks[J]. Phys. Rev. Lett., 2001, 86(24): 5632–5635.

[133] LIU Z, LAI Y C, YE N, et al. Connectivity distribution and attack tolerance of general networks with both preferential and random attachments[J]. Phys. Lett. A, 2002, 303(5–6): 337–344.

[134] 李季, 汪秉宏, 蒋品群, 等. 节点数加速增长的复杂网络生长模型 [J]. 物理学报, 2006, 55(8):4051–4057.

[135] DOROGOVTSEV S N, MENDES J F F, SAMUKHIN A N. Size–dependent degree distribution of a scale–free growing network[J]. Phys. Rev. E, 2001, 63(6): 062101.

[136] HOLME P, KIM B J. Growing scale–free networks with tunable clustering[J]. Phys. Rev. E, 2002, 65(2): 026107.

[137] NEWMAN M E J, PARK J. Why social networks are different from other types of networks[J]. Phys. Rev. E, 2003, 68(3): 036122.

[138] ZHENG D, ERGÜN G. Coupled growing networks[J]. Advances in Complex Systems, 2003, 6(4): 507–514.

[139] LILJEROS F, EDLING C R, AMARAL L A N, et al. The web of human sexual contacts [J]. Nature, 2001, 411(6840): 907–908.

[140] 李勇. 复杂网络理论与应用研究 [D]. 广州 : 华南理工大学, 2005.

[141] GOH K I, SALVI G, KAHNG B, et al. Skeleton and fractal scaling in complex networks[J]. Phys. Rev. Lett., 2006, 96(1): 018701.

[142] 黄润生. 混沌及其应用 [M]. 武汉 : 武汉大学出版社, 2000.

[143] SONG C, HAVLIN S, MAKSE H A. Origins of fractality in the growth of complex networks[J]. Nature Physics, 2006, 2(4): 275–281.

[144] ANDRADE J S, HERRMANN H J, ANDRADE R F S, et al. Apollonian networks: Simultaneously scale–free, small world, Euclidean, space filling, and with matching

graphs[J]. Phys. Rev. Lett., 2005, 94(1): 018702.

[145] ZHANG Z Z, COMELLAS F, FERTIN G, et al. High—dimensional Apollonian networks [J]. Journal of Physics A: Mathematical and General, 2006, 39(8): 1811—1818.

[146] ZHANG Z Z, RONG L L, CIMELLAS F. High—dimensional random Apollonian networks [J]. Physica A: Statistical Mechanics and its Applications, 2006, 364: 610—618.

[147] ZHANG Z Z, RONG L L. General model for Apollonian networks[EB/OL].(2005—12—11)https://arxiv. ovg/abs/cond—mat/0512229.

[148] ALMAAS E, KRAPIVSKY P L, REDNER S. Statistics of weighted treelike networks [J]. Phys. Rev. E, 2005, 71(3): 036124.

[149] JEONG H, NÉDA Z, BARABAÁSI A L. Measuring preferential attachment in evolving networks[J]. Europhys. Lett., 2003, 61(4): 567—572.

[150] DOROGOVTSEV S N, MENDES J F F, SAMUKHIN A N. Structure of growing networks with preferential linking[J]. Phys. Rev. Lett., 2000, 85(21): 4633—4636.

[151] 陶少华, 杨春, 李慧娜, 等. 基于节点吸引力的复杂网络演化模型研究 [J]. 计算机工程, 2009, 35(1): 111—113.

[152] 田生文, 杨洪勇, 李阿丽, 等. 基于聚类效应节点吸引力的复杂网络模型 [J]. 计算机工程, 2010, 36(10): 58—60.

[153] 雷敏. 马氏链在复杂网络拓扑结构中的应用 [D]. 长沙: 中南大学, 2011.

[154] 陈力丹. 舆论学——舆论导向研究 [M]. 北京: 中国广播电视出版社, 1999.

[155] 陈卫星. 网络传播与社会发展 [M]. 北京: 北京广播学院出版社, 2001.

[156] NOELLE—NEUMANN E. The spiral of silence: Public opinion——Our social skin[M]. Chicago: University of Chicago Press, 1993.

[157] SHERIF C W, SHERIF M, NEBERGALL R E. Attitude and attitude change: The social judgment—involvement approach[M]. Philadelphia: Saunders, 1965.

[158] SCHRAMM W. The challenge to communication research[M]//NAFZIGER R O, WHITE D M. Introduction to mass communication research. Baton Rouge: Louisiana State University Press, 1958: 29.

[159] French J R P. A formal theory of social power[J]. Social Networks, 1977, 63(3): 35—48.

[160] DEGROOT M H. Reaching a consensus[J]. Journal of the American Statistical

Association, 1974, 69(345): 118–121.

[161] HAKEN H. Synergetics: An introduction[M]. Berlin: Springer, 1983: 1.

[162] SORNETTE D, ZHOU W X. Importance of positive feedbacks and overconfidence in a self–fulfilling Ising model of financial markets[J]. Physica A: Statistical Mechanics and its Applications, 2006, 370(2): 704–726.

[163] SZNAJD–WERON K. Sznajd model and its applications[J]. Acta Physica Polonica B, 2005, 36(8): 2537–2547.

[164] DEFFUANT G, NEAU D, AMBLARD F, et al. Mixing beliefs among interacting agents [J]. Advances in Complex Systems, 2000, 3: 87–98.

[165] HEGSELMANN R, KRAUSE U. Opinion dynamics and bounded confidence models, analysis, and simulation[J]. Journal of Artificial Societies and Social Simulation, 2002, 5(3): 2–34.

[166] GALAM S. Majority rule, hierarchical structures, and democratic totalitarianism: A statistical approach[J]. J. of Math. Psychology, 1986, 30(4): 426–434.

[167] HOLLEY R A, LIGGETT T M. Ergodic theorems for weakly interacting infinite systems and the voter model[J]. The Annals of Probability, 1975, 3 (4) : 643–663.

[168] FORTUNATO S, LATORA V, PLUCHINO A, et al. Vector opinion dynamics in a bounded confidence consensus model[J]. Int. J. Mod. Phys. C, 2005, 16(10): 1535–1551.

[169] TU Y S, SOUSA A O, KONG L J, et al. Sznajd model with synchronous updating on complex networks[J]. Int. J. Mod. Phys. C, 2005, 16(7): 1149–1161.

[170] LI P P, ZHENG D F, HUI P M. Dynamics of opinion formation in a small–world network[J]. Phys. Rev. E, 2006, 73(5): 056128.

[171] StAUFFER D. How to convince others? Monte Carlo simulations of the Sznajd model [J]. AIP Conf. Proc., 2003, 690: 147–155.

[172] KIRMAN A. Epidemics of opinion and speculative bubbles in financial markets[J]. Money and financial markets, 1991: 354–368.

[173] BONNEKOH J. Monte Carlo simulations of the Ising and the Sznajd model on growing Barabási–Albert networks[J]. Int. J. Mod. Phys. C, 2003, 14 (9) : 1231–1235.

[174] LYST J, KACPERSKI K, SCHWEITZER F. Social impact models of opinion dynamics [J]. Ann. Rev. Comput. Phys., 2002, 9: 253–273.

[175] 百度百科 . 舆论动力学 [EB/OL]. （2017–08–21）[2020–07–21]. http://baike. baidu.com/view/2790707.htm.

[176] SHEN B, LIU Y. An opinion formation model with two stages[J]. Int. J. Mod. Phys. C, 2007, 18 (8) : 1231–1242.

[177] CASTELLANO C, FORTUNATO S, LORETO V. Statistical physics of social dynamics [J]. Review of Modein Physics. Mod. Phys., 2009, 81 (2) : 591–646.

[178] SOUSA A O, STAUFFER D, DEOLIVEIRA S M. Generalization to square lattice of Sznajd sociophysics model[J]. Int. J. Mod. Phys. C, 2000, 11 (6) : 1239–1245.

[179] ELGAZZAR A S. Applications of small–world networks to some socio–economic systems[J]. Physica A, 2003, 324 (1) : 402–407.

[180] BERNARDES A T, STAUFFER D, KERTÉSZ J. Election results and the Sznajd model on Barabási network[J]. Eur. Phys. J. B, 2002, 25 (1) : 123–127.

[181] SLANINA F, LAVICKA H. Analytical results for the Sznajd model of opinion formation[J]. Eur. Phys. J. B, 2003, 35 (2) : 279–288.

[182] LORENZ J. Continuous opinion dynamics under bounded confidence: A survey[J]. Int. J. Mod. Phys. C, 2007, 18 (12) : 1819–1838.

[183] PORFIRI M, BOLLT E M, STILWELL D J. Decline of minorities in stubborn societies[J]. Eur. Phys. J. B, 2007, 57 (4) : 481–486.

[184] FORTUNATO S. Universality of the threshold for complete consensus for the opinion dynamics of Deffuant et al[J]. Int. J. Mod. Phys. C, 2004, 15 (9) : 1301–1307.

[185] BEN–NAIM E, KRAPIVSKY P L, REDNER S. Bifurcations and patterns in compromise processes[J]. Physica D, 2003, 183 (3) : 190–204.

[186] LORENZ J. Heterogeneous bounds of confidence: Meet, discuss and find consensus [J]. Complexity, 2010, 15 (4) : 43–52.

[187] BEN–NAIM E, REDNER S. Dynamics of social diversity[J].Physics, 2005, 11 (11) : L11002.

[188] CARLETTI T, FANELLI D, GROLLI S, et al. How to make an efficient propaganda

[J]. Europhys. Lett., 2006, 74 (2) : 222–228.

[189] WEISBUCH G, DEFFUANT G, AMBLARD F, et al. Interacting agents and continuous opinions dynamics[M]//COWAN R, JONARD N. Heterogenous Agents, Interactions and Economic Performance. Heidelberg Springer: 2003: 225–242.

[190] STAUFFER D, SOUSA A, SCHULZ C. Discretized opinion dynamics of the Deffuant model on scale–free networks[J]. JASSS, 2004, 7 (3): 7.

[191] FORTUNATO S. On the consensus threshold for the opinion dynamics of Krause–Hegselmann[J]. Int. J. Mod. Phys. C, 2005, 16 (2) : 259–270.

[192] FORTUNATO S. The Krause–Hegselmann consensus model with discrete opinions[J]. Int. J. Mod. Phys. C, 2004, 15 (7) : 1021–1029.

[193] LORENZ J. Consensus strikes back in the Hegselmann–Krause model of continuous opinion dynamics under bounded confidence[J]. Journal of Artificial Societies and Social Simulation, 2006, 9 (1) : 8.

[194] PLUCHINO A, LATORA V, RAPISARDA A. Compromise and synchronization in opinion dynamics[J]. Eur. Phys. J. B, 2006, 50 (1–2) : 169–176.

[195] HEGSELMANN R, KRAUSE U. Truth and cognitive division of labour: First steps towards a computer aided social epistemology[J]. Journal of Artificial Societies and Social Simulation, 2006, 9 (3) : 1–28.

[196] GALAM S. Sociophysics: A review of Galam models[J]. Int. J. Mod. Phys. C, 2008, 19 (3) : 409–440.

[197] GALAM S. Heterogeneous beliefs, segregation, and extremism in the making of public opinions[J]. Phys. Rev. E, 2005, 71 (4) : 046123.

[198] CHEN P, REDNER S. Consensus formation in multi–state majority and plurality models[J]. J. Phys. A, 2005, 38 (33) : 7239.

[199] KRAPIVSKY P L, REDNER S. Dynamics of majority rule in two–state interacting spin systems[J]. Phys. Rev. Lett., 2003, 90 (23) : 238701.

[200] HELBING D, FARKAS I, VICSEK T. Simulating dynamical features of escape panic [J]. Nature, 2000, 407 (6803) : 487–490.

[201] GALAM S. Minority opinion spreading in random geometry[J]. Eur. Phys. J. B, 2002, 25 (4) : 403–406.

[202] SUCHECKI K, EGUILUZ V M, SAN MIGUEL M. Conservation laws for the voter model in complex networks[J]. Europhys. Lett., 2005, 69 (2) : 228–232.

[203] SCHEUCHER M, SPOHN H. A soluble kinetic model for spinodal decomposition[J]. J. Stat. Phys., 1988, 53 (1–2) : 279–294.

[204] SUCHECKI K, EGUÍLUZ V M, SAN MIGUEL M. Voter model dynamics in complex networks: Role of dimensionality, disorder, and degree distribution[J]. Phys. Rev. E, 2005, 72 (3) : 036132.

[205] SOOD V, REDNER S. Voter model on heterogeneous graphs[J]. Phys. Rev. Lett., 2005, 94 (17) : 178701.

[206] CASTELLANO C, PASTOR–SATORRAS R. Zero temperature Glauber dynamics on complex networks[J]. J. Stat. Mech., 2006, 2006 (5) : P05001.

[207] SIRE C, MAJUMDAR S N. Coarsening in the q–state Potts model and the Ising model with globally conserved magnetization[J]. Phys. Rev. E, 1995, 52 (1) : 244.

[208] VILONE D, CASTELLANO C. Solution of voter model dynamics on annealed small–world networks[J]. Phys. Rev. E, 2004, 69 (1) : 016109.

[209] BENCZIK I J, BENCZIK S Z, SCHMITTMANN B, et al. Lack of consensus in social systems[J]. Europhys. Lett., 2008, 82 (4) : 48006.

[210] 朱国东 . 关于网络舆论演进的若干问题研究 [D]. 北京 : 北方交通大学 , 2009.

[211] NEWMAN M E J. Spread of epidemic disease on networks[J]. Phys. Rev. E, 2002, 66 (1) : 016128.

[212] PASTOR–SATORRAS R, VESPIGNANI A. Epidemic dynamics and endemic states in complex networks[J]. Phys. Rev. E, 2001, 63 (6) : 066117.

[213] BARTHÉLEMY M, BARRAT A, PASTOR–SATORRAS R, et al. Velocity and hierarchical spread of epidemic outbreaks in scale–free networks[J]. Phys. Rev. Lett., 2004, 92 (17) : 178701.

[214] PASTOR–SATORRAS R, VESPIGNANI A. Epidemic spreading in scale–free networks[J]. Phys. Rev. Lett., 2001, 86 (14) : 3200–3203.

[215] BORNHOLDT S, SCHUSTER H G. Handbook of graphs and networks[M]. New York: Wiley–Vch, 2003.

[216] MORENO Y, PASTOR–SATORRAS R, VESPIGNANI A. Epidemic outbreaks in

complex heterogeneous networks[J]. Eur. Phys. J. B, 2002, 26 (4) : 521–529.

[217] SCHULZE C. Sznajd opinion dynamics with global and local neighborhood[J]. Int. J. Mod. Phys. C, 2004, 15 (6) : 867–872.

[218] LATANÉ B, NOWAK A, SZAMREJ J. From private attitude to public opinion: A dynamic theory of social impact[J]. Psychological Review, 1990, 97 (3) : 362–376.

[219] DING F, LIU Y, SHEN B, et al. An evolutionary game theory model of binary opinion formation[J]. Physica A, 2010, 389 (8) : 1745–1752.

[220] BOCCARA N. Models of opinion formation: Influence of opinion leaders[J]. Int. J. Mod. Phys. C, 2008, 19 (1) : 93–109.

[221] JACOBS F, GALAM S. Two opinions dynamics generated by inflexibles and non–contrarian and contrarian floaters[J].Advances in Complex Systenm, 2019, 22 (4) : H3.

[222] STAUFFER D, MEYER–ORTMANNS H. Simulation of consensus model of Deffuant et al on a Barabási–Albert network[J]. Int. J. Mod. Phys. C, 2004, 15 (2) : 241–246.

[223] 田兴玲, 刘慕仁. 一维 Sznajd 舆论拓展模型中噪声因素对演化的影响 [J]. 河北科技大学学报, 2008, 29 (4) :269–274.

[224] 苏俊燕, 孔令江, 刘慕仁. 加权网络上的舆论演化模型研究 [J]. 广西师范大学学报（自然科学版）, 2006, 24 (2) :1–4.

[225] 李澍淞. 基于蜂拥策略的网络舆论演化模型研究 [D]. 上海：复旦大学, 2011.

[226] 刘慕仁, 邓敏艺, 孔令江. 舆论传播的元胞自动机模型 (I) [J]. 广西师范大学学报（自然科学版）, 2002, 20 (2) : 1–3.

[227] 曾祥平, 方勇, 袁媛, 等. 基于元胞自动机的网络舆论激励模型 [J]. 计算机应用, 2007, 27 (11) : 2686–2688.

[228] 李小刚, 何敏华, 方频捷, 等. 外场和惯性双重影响下的无标度网络上舆论传播动力学 [J]. 武汉大学学报（理学版）, 2010, 6 (56) : 655–660.

[229] 卡普费雷. 谣言：世界最古老的传媒 [M]. 郑若麟, 译. 上海：上海人民出版社, 2008.

[230] 巢乃鹏, 黄娴. 网络传播中的"谣言"现象研究 [J]. 情报理论与实践, 2004, 27 (6) : 586–589.

[231] 张雷. 论网络政治谣言及其社会控制 [J]. 政治学研究, 2007 (2) : 52–59.

[232] KNAPP R H. A psychology of rumor[J]. Public Opinion Quarterly, 1944, 8 (1) : 22–37.

[233] DALEY D J, KENDALL D G. Epidemics and rumours[J]. Nature Science, 1964, (204) : 1464–3634.

[234] ZANETTE D H. Criticality of rumor propagation on small–world networks[J]. Physica A, 2008, 309 (9) : 1–10.

[235] ZANETTE D H. Dynamics of rumor propagation on small–world networks[J]. Phys. Rev. E, 2002, 65 (4) : 110–126.

[236] MORENO Y, NEKOVEE M, PACHECO A F. Dynamics of rumor spreading in complex networks[J]. Phys. Rev. E, 2004, 69 (6) : 066130.

[237] NEKOVEE M, MORENO Y, BIANCONI G, et al. Theory of rumour spreading in complex social networks[J]. Physica A, 2007, 374 (1) : 457–470.

[238] 潘灶烽, 汪小帆, 李翔. 可变聚类系数无标度网络上的谣言传播仿真研究 [J]. 系统仿真学报, 2006, 18 (8) : 2346–2348.

[239] AXELROD R. The dissemination of culture: A model with local convergence and global polarization[J]. Journal of Conflict Resolution, 1997, 41 (2) : 203–226.

[240] KACPERSKI K, HOLYST J A. Phase transitions and hysteresis in a cellular automata–based model of opinion formation[J]. Journal of Statal Physics, 1996, 84 (1–2) : 169–189.

[241] 邵成刚. 胆小的传谣人传播谣言的 Potts 模型 [D]. 武汉 : 华中科技大学, 2003.

[242] 王俊峰. 谣言传播的 Potts 模型中相变特性的研究 [D]. 武汉 : 华中科技大学, 2004.

[243] 王俊峰, 谈效俊. 谣言传播的 Potts 模型中的正则和微正则相变 [J]. 湖北大学学报（自然科学版）, 2004,26 (4) :303–306.

[244] 宣慧玉. 复杂系统仿真及应用 [M]. 北京 : 清华大学出版社, 2008.

[245] HETHCOTE H W. The mathematics of infectious diseases[J]. SIAM Review, 2000, 42 (4) : 599–653.

[246] MORENO Y, PASTOR–SATORRAS R, VESPIGNANI A. Epidemic outbreaks in complex heterogeneous networks[J]. Eur. Phys. J. B, 2002, 26 (4) : 521–529.

[247] BURT R S, MINOR M J, ALBA R D. Applied network analysis: A methodological introduction[M]. Beverly Hills: Sage Publications, 1983.

[248] BONACICH P. Technique for analyzing overlapping memberships[J]. Sociological

methodology, 1972 (4) : 176–185.

[249] BONACICH P. Factoring and weighting approaches to status scores and clique identification[J]. J. Math. Sociol., 1972, 2 (1) : 113–120.

[250] CALLAWAY D S, NEWMAN M E J, STROGATZ S H, et al. Network robustness and fragility: Percolation on random graphs[J]. Phys. Rev. Lett., 2000, 85 (25) : 5468–5471.

[251] SABIDUSSI G. The centrality index of a graph[J]. Psychometrika, 1966, 31 (4) : 581–603.

[252] FREEMAN L C. A set of measures of centrality based on betweenness[J]. Sociometry, 1977, 40 (1) : 35–41.

[253] BONACICH P. Power and centrality: A family of measures[J]. American Journal of Sociology, 1987 (5) : 1170–1182.

[254] STEPHENSON K, ZELEN M. Rethinking centrality: Methods and examples[J]. Social Networks, 1989, 11 (1) : 1–37.

[255] POULIN R, BOILY M C, MÂSSE B R. Dynamical systems to define centrality in social networks[J]. Social Networks, 2000, 22 (3) : 187–220.

[256] 叶春森, 汪传雷, 刘宏伟. 网络节点重要度评价方法研究 [J]. 统计与决策, 2010 (1) : 22–24.

[257] 陈静, 孙林夫. 复杂网络中节点重要度评估 [J]. 西南交通大学学报, 2009, 44 (3) : 426–429.

[258] 安世虎, 都艺兵, 曲吉林. 节点集重要性测度 [J]. 中国管理科学, 2006, 14 (1) : 106–111.

[259] 许进, 席酉民, 汪应洛. 系统的核与核度 [J]. 系统科学与数学, 1993, 13 (2) : 102–110.

[260] 李鹏翔, 任玉晴, 席酉民. 网络节点 (集) 重要性的一种度量指标[J]. 系统工程, 2004, 22 (4) :13–20.

[261] 陈勇, 胡爱群, 胡啸. 通信网中节点重要性的评价方法 [J]. 通信学报, 2004, 25 (8) : 129–134.

[262] 谭跃进, 吴俊, 邓宏钟. 复杂网络中节点重要度评估的节点收缩方法 [J]. 系统工程理论与实践, 2006, 26 (11) : 79–83.

[263] 刘浪,邓伟,采峰,等.节点重要度计算的新方法——优先等级法 [J]. 中国管理科学 ,2007,15 (z1) :162.

[264] 饶育萍,林竞羽,周东方.网络抗毁度和节点重要性评价方法 [J].计算机工程, 2009, 35 (6) :14–16.

[265] BRIN S, PAGE L. The anatomy of a large–scale hypertextual Web search engine[J]. Computer Networks and ISDN Systems, 1998, 30 (1) : 107–117.

[266] KLEINBERG J M. Authoritative sources in a hyperlinked environment[J]. Journal of the ACM (JACM) , 1999, 46 (5) : 604–632.

[267] BARTHELEMY M. Betweenness centrality in large complex networks[J]. Eur. Phys. J. B, 2004, 38 (2) : 163–168.

[268] 赫南,李德毅,淦文燕,等.复杂网络中重要性节点发掘综述 [J].计算机科学, 2007, 34 (12) :1–5.

[269] 朱涛,张水平,郭戎潇,等.改进的加权复杂网络节点重要度评估的收缩方法 [J]. 系统工程与电子技术 ,2009,31 (8) :1902–1905.

[270] 安世虎,聂培尧,贺国光.节点赋权网络中节点重要性的综合测度法 [J].管理科学学报 ,2006,9 (6) : 37–42+52.

[271] 胡钢锋,李德毅,陈桂生,等.一种新的复杂网络演化机制研究 [J].计算机研究与发展 ,2007, 44 (z1) : 263–267.

[272] 胡勇,张翀斌,王祯学,等.网络舆论形成过程中意见领袖形成模型研究 [J]. 四川大学学报 ( 自然科学版 ) ,2008, 45 (2) : 347–351.

[273] 胡朝浪,吴荣军,周安民,等.基于主体观点度演变的网络舆论形成模型研究 [J]. 四川大学学报 ( 工程科学版 ) , 2009, 41 (4) : 196–201.

[274] 吴青峰,孔令江,刘慕仁.元胞自动机舆论传播模型中人员个性的影响 [J].广西师范大学学报 ( 自然科学版 ) , 2004, 22 (4) : 5–9.

[275] 高俊波,杨静.在线论坛中的意见领袖分析 [J].电子科技大学学报 ,2007, 36 (6) : 1249–1252.

[276] 项方产.基于通信关系的意见领袖挖掘与应用 [D]. 上海:上海交通大学, 2007.

[277] MATSUMURA N, OHSAWA Y, ISHIZUKA M. Influence diffusion model in text–based communication[J]. Transactions of the Japanese Society for Artificial

Intelligence, 2002 (17) : 259–267.

[278] 李德毅, 刘常昱, 杜鹢, 等. 不确定性人工智能 [J]. 软件学报, 2004, 15: 1583–1594.

[279] 戴晓军, 淦文燕, 李德毅. 基于数据场的图像数据挖掘研究 [J]. 计算机工程与应用, 2004, 40 (26) :41–43+88.

[280] 淦文燕, 赫南, 李德毅, 等. 一种基于拓扑势的网络社区发现方法 [J]. 软件学报, 2009, 20 (8) :2241–2254.

[281] 严蔚敏, 吴伟民. 数据结构 : C 语言版 [M]. 北京 : 清华大学出版社, 1997.

[282] 肖俐平, 孟晖, 李德毅. 基于拓扑势的网络节点重要性排序及评价方法 [J]. 武汉大学学报 ( 信息科学版 ), 2008, 33 (4) : 379–383.

[283] 苏瑞, 王勇, 杨指挥. 基于拓扑势的网络拓扑建模方法 [J]. 计算机工程, 2010, 36 (5) : 109–110.

[284] 陆锋. 最短路径算法 : 分类体系与研究进展 [J]. 测绘学报, 2001, 30 (3) : 269–275.

[285] 孙睿, 罗万伯. 网络舆论中节点重要性评估方法综述 [J]. 计算机应用研究, 2012, 29 (10) : 3606–3608.

[286] ESTRADA E. The structure of complex networks: Theory and applications[M]. Oxford: Oxford University Press, 2011.

[287] ZOU Z, XIAO Y, GAO J. Robustness analysis of urban transit network based on complex networks theory[J]. Kybernetes, 2013, 42 (3) : 383–399.

[288] SAYAMA H, PESTOV I, SCHMIDT J, et al. Modeling complex systems with adaptive networks[J]. Computers & Mathematics with Applications, 2013,65 (10): 1645–1664.

[289] SOLÉ R V. Complex networks: Structure, robustness and function[J]. Journal of the American Statistical Association, 2012 (8): 75.

[290] LIU Y Y, SLOTINE J J, BARABÁSI A L. Control centrality and hierarchical structure in complex networks[J]. PLoS ONE, 2012, 7 (9) : e44459.

[291] LUSHER D, KOSKINEN J, ROBINS G. Exponential random graph models for social networks: Theory, methods, and applications[M]. London: Cambridge University Press, 2012.

[292] TRAUD A L, MUCHA P J, PORTER M A. Social structure of Facebook networks[J]. Physica A, 2012, 391 (16) : 4165–4180.

[293] LANCICHINETTI A, FORTUNATO S. Consensus clustering in complex networks[J]. Entific Reports, 2012, 2 (336): 336.

[294] COSTA L F, OLIVEIRA O N, TRAVIESO G, et al. Analyzing and modeling real-world phenomena with complex networks: A survey of applications[J]. Advances in Physics, 2011, 60 (3) : 329–412.

[295] 金弟, 刘杰, 杨博, 等. 局部搜索与遗传算法结合的大规模复杂网络社区探测 [J]. 自动化学报, 2011, 37 (7) : 873–882.

[296] 叶东海, 蒋国平, 宋玉蓉. 多局域世界复杂网络中的病毒传播研究 [J]. 计算机工程, 2010, 36 (23) : 130–132.

[297] LAPOSTOLLE F, BERTRAND P, AGOSTINUCCI J M, et al. Web-based general public opinion study of automated versus manual external chest compression[J]. Emergency Medicine Journal, 2014, 31 (6):488.

[298] JALILI M. Social power and opinion formation in complex networks[J]. Physica A: Statistical Mechancis and Its Applications, 2013, 392(4):959–966.

[299] KRAUSE S M, BÖTTCHER P, BORNHOLDT S. Mean-field-like behavior of the generalized voter-model-class kinetic Ising model[J]. Phys. Rev. E, 2012, 85 (3) : 031126.

[300] QIAN X, YUAN X, REN B, et al. A research of public opinion on a small world network[C]//2012 International Conference on Image Analysis and Signal Processing (IASP). IEEE, 2012: 1–4.

[301] KAISER C, SCHLICK S, BODENDORF F. Early warning and decision support in critical situations of opinion formation within online social networks[C]//International Joint Conference on Knowledge Discovery, Knowledge Engineering, and Knowledge Management. Heidelberg: Springer, 2013. 107–121.

[302] 张翼, 刘玉华, 许凯华, 等. 一种基于互信息的复杂网络节点重要性评估方法 [J]. 计算机科学, 2011, 38 (6) : 88–89+109.

[303] LIU Y H, JIN X L, SHEN H W, et al. A survey on rumor identification over social media[J]. Chinese Journal of Computers, 2018, 41 (7) : 1536–1558.

[304] SHAO C G, LIU Z Z, WANG J F, et al. Exact representation of crossover of transitions from first order to second order in the Potts model for rumor

transmission[J]. Physical Review E, 2003, 68 (1) : 016120.

[305] MORENO Y , NEKOVEE M , PACHECO A F . Dynamics of rumor spreading in complex networks[J]. Physical Review E, 2004, 69 (6) : 066130.

[306] MORONE F, MAKSE H A. Influence maximization in complex networks through optimal percolation[J]. Nature, 2015, 524 (7563) : 65–68.

[307] LI W, TANG S, PEI S, et al. The rumor diffusion process with emerging independent spreaders in complex networks[J]. Physica A, 2014 (397) : 121–128.

[308] SUN R, ZHONG Y, LUO W B. Rumor classification model based on deep convolutional neural networks[J]. DEStech Transactions on Computer Science and Engineering, 2018 (56) : 78–79.

[309] ROY A, BASAK K, EKBAL A, et al. A deep ensemble framework for fake news detection and classification[EB/OL].(2018–11–12) https://arxiv.ovg/abs/1811.04670.

[310] DOSOVITSKIY A, KOLTUN V. Learning to act by predicting the future[J].(2017–02–14) https://arxiv.ovg/abs/ 1611. 01779.

[311] FOERSTER J, NARDELLI N, FARQUHAR G, et al. Stabilising experience replay for deep multi–agent reinforcement learning[C]//Proceedings of the 34th International Conference on Machine Learning–Volume 70.JMLR ORG, 2017: 1146–1155.

[312] DOERR B, FOUZ M, FRIEDRICH T. Why rumors spread so quickly in social networks[J]. Communications of the ACM, 2012, 55 (6) : 70–75.

[313] LU L, ZHOU T, ZHANG Q M, et al. The H–index of a network node and its relation to degree and coreness[J]. Nature Communications, 2016, 7 (1) : 10168.

[314] 刘知远, 张乐, 涂存超, 等 . 中文社交媒体谣言统计语义分析 [J]. 中国科学 : 信息科学 , 2015, 45 (12) : 1536–1546.

[315] 毛二松, 陈刚, 刘欣, 等 . 基于深层特征和集成分类器的微博谣言检测研究 [J]. 计算机应用研究 , 2016, 33 (11) : 3369–3373.

[316] DAZHEN L, BEN M, DONGLIN C, et al. Chinese microblog rumor detection based on deep sequence context[J]. Concurrency and Computation: Practice and Experience, 2019, 31 (23) : 465–466.

[317] 李明彩, 刘凤鸣 . 谣言信息识别的最大熵模型研究 [J]. 小型微型计算机系统 , 2017, 38 (7) : 1475–1478.

[318] 张鹏，兰月新，李昊青，等 . 基于 HAYASHI 数量化理论的网络谣言分类应对策略分析 [J]. 情报杂志 , 2016, 35 (1) : 110–115.

[319] 张亚明，苏妍嫄，刘海鸥 . 双重社会强化谣言传播模型及稳定性分析 [J]. 系统科学与数学 , 2017, 37 (9) : 1960–1975.

[320] CHENG Y Y, LIANG A H, LIANG M. et al. Dynamical behaviors and spatial diffusion in a psychologically realistic rumor spreading model[J]. International Journal of Modern Physics C, 2020, 31 (2) : 2050034.

[321] GUACHO G B, ABDALI S, SHAN N, et al. Semi–supervised content–based detection of misinformation via tensor embeddings[C]//2018 International Conference on Advances in Social Networks Analysis and Mining. IEEE/ACM, 2018: 322–25.

[322] BODAGHI A, GOLIAEI S, SALEHI M. The number of followings as an influential factor in rumor spreading[J]. Applied Mathematics and Computation, 2019 (357) : 167–184.

[323] LECUN Y, BENGIO Y, HINTON G. Deep learning[J]. Nature, 2015, 521 (7553) : 436–444.

[324] SILVER D, SCHRITTWIESER J, SIMONYAN K, et al. Mastering the game of go without human knowledge[J]. Nature, 2017, 550 (7676) : 354.

[325] WU Z, PAN S, CHEN F, et al. A comprehensive survey on graph neural networks[J]. IEEE Transactions on Neural Networks and Learning Systems, 2020 (3) : 1–21.

[326] HU D. An introductory survey on attention mechanisms in NLP problems[C]// Proceedings of SAI Intelligent Systems Conference, 2019: 432–448.

[327] MA J, GAO W, MITRA P, et al. Detecting rumors from microblogs with recurrent neural networks[C]//Proceedings of the 25th International Joint Conference on Artificial Intelligence, 2016: 3818–3824.

[328] CHEN T, LI X, YIN H, et al. Call attention to rumors: deep attention based recurrent neural networks for early rumor detection[C]//Lecture Notes in Computer Science: Revised Selected Papers from PAKDD 2018, 2018: 40–52.

[329] YU F, LIU Q, WU S, et al. Attention–based convolutional approach for misinformation identification from massive and noisy microblog posts[J]. Computers

& Security, 2019 (83) : 106–121.

[330] 刘勘, 杜好宸. 基于深度迁移网络的 Twitter 谣言检测研究 [J]. 数据分析与知识发现, 2019, 3 (10) : 47–55.

[331] 王志宏, 过弋. 微博谣言事件自动检测研究 [J]. 中文信息学报, 2019, 33 (6) : 132–140.

[332] 李力钊, 蔡国永, 潘角. 基于 C–GRU 的微博谣言事件检测方法 [J]. 山东大学学报 (工学版), 2019, 49 (2) : 102–106+115.

[333] ALKHODAIR S A, DING S H, FUNG B C, et al. Detecting breaking news rumors of emerging topics in social media[J]. Information Processing and Management, 2020, 57 (2) : 76–77.

[334] WU L, RAO Y, YU H, et al. A multi–semantics classification method based on deep learning for incredible messages on social media[J]. Chinese Journal of Electronics, 2019, 28 (4) : 754–763.

[335] SEJEONG K, MEEYOUNG C, KYOMIN J. Rumor detection over varying time windows[J]. PLoS ONE, 2017, 12 (1) : eo168344.

[336] PIERRI F, PICCARDI C, CERI S. Topology comparison of Twitter diffusion networks effectively reveals misleading information[J]. Scientific Report, 2020, 10 (1) : 1–9.

[337] 廖祥文, 黄知, 杨定达, 等. 基于分层注意力网络的社交媒体谣言检测 [J]. 中国科学 : 信息科学, 2018, 48 (11) : 1558–1574.

[338] RUCHANSKY N, SEO S, LIU Y. CSI: A hybrid deep model for fake news detection[C]//Proceedings of ACM on Conference on Information and Knowledge Management, 2017: 797–806.

[339] MA J, GAO W, WONG K F. Detect rumor and stance jointly by neural multi–task learning[C]//Proceedings of the Web Conference Companion, 2018: 585–593.

[340] 王芳, 连芷萱. 公共危机中谣言真实度计算及其与正面信息的交锋研究 [J]. 图书与情报, 2020 (1) : 34–50.

[341] TIAN B, XIAO X, XU T Y, et al. Rumor detection on social media with bi–directional graph convolutional networks[C]//The Thirty–Fourth AAAI Conference on Artificial Intelligence, 2020: 1035–1047.

[342] 张蕾, 章毅. 大数据分析的无限深度神经网络方法 [J]. 计算机研究与发展, 2016, 53 (1) : 68–79.

[343] XIAN J, YANG D, PAN L, et al. Containing rumors spreading on correlated multiplex networks[J]. Journal of Statistical Mechanics: Theory and Experiment, 2020 (2) : 23402.

[344] 周建云, 刘真真, 许小可. 参照零模型的实证网络传播影响因素分析 [J]. 复杂系统与复杂性科学, 2019, 16 (3) : 40–47.

[345] LI M, LÜ L, DENG Y, et al. History–dependent percolation on multiplex networks[J]. National Science Review, 2020, 7 (8) : 1296–1305.

[346] 张菊平, 郭昊明, 荆文君, 等. 基于真实信息传播者的谣言传播模型的动力学分析 [J]. 物理学报, 2019, 68 (15) : 187–198.